LA RÉPUBLIQUE DE LA BOUFFE

Le goût fait de la résistance.

Alex Fenot

Mentions légales
(promis, ce n'est pas long.)

Publié par Foodnbullshit.
Imprimé en France/aux États-Unis.
Première édition : 2026
Dépôt légal : 1er trimestre 2026
ISBN : 979-8-9931095-5-8 (édition papier)

Cet ouvrage est une œuvre de non-fiction.
Les opinions exprimées sont strictement celles de
l'auteur. Ce qui signifie que vous n'êtes pas tenu
d'être d'accord, d'applaudir ou d'être à l'aise.

Toute ressemblance avec des personnes réelles,
des restaurants, des institutions, des habitudes,
des tendances ou des situations, passées ou
présentes, est, soit volontaire, soit assumée.

Ou une coïncidence spectaculaire.
Ce livre a été écrit sans filtre, sans algorithme et sans menu enfant.
Aucune chaîne de fast-food n'a été maltraitée pendant l'écriture de cet ouvrage.
Même si certaines l'auraient largement mérité.

Prologue

Voici donc le deuxième volume de mes
élucubrations gastronomiques.
Je pensais en avoir fini avec tout ça.
Je me trompais.
Et lourdement.

J'ai écrit le premier livre les dents serrées, le cœur
battant, à bout de souffle, et le cul sur la gazinière
allumée.
C'était un coup de gueule.
Un électrochoc pour me sortir de ma léthargie, et
pour arrêter de me consumer de l'intérieur.
Pour ne pas cramer, d'où le titre.
J'ai tenté de vous livrer un témoignage brûlant,
sans fard sur les cuisines, la salle.
Sur ce boulot, ce qu'il était, et ce qu'il est devenu.
Ceux qui y travaillent, ceux qui y survivent, et qui,
parfois, y laissent des plumes.
Également sur ceux qui y mangent.
Ainsi qu'un regard sans faux-semblants sur ce
monde qui file à une allure folle, qui change...
mais pas toujours en bien. Tout en laissant des
gens sur le bas-côté.

Avec le recul, je vois ce bouquin comme une
confession. Pleine de colère, de frustration, de
fatigue. Brute, sèche, caustique. À vif.
Est-ce que c'est sorti trop vite, trop fort ?
J'en sais rien.

Est-ce que ça venait du fond du cœur ?
Absolument.
J'ai vidé mon sac. Avec une certaine dose de
cynisme, je le reconnais, et parfois pas toujours de
manière élégante, j'en conviens.
Sans doute de façon maladroite.
Mea culpa.
N'est pas Anthony Bourdain qui veut.
Quant aux coups que j'ai portés, y compris ceux
qui étaient dirigés à mon intention,
Étaient-ils justifiés, mérités ?
Ah... c'est là que ça se complique.
Pour la plupart, oui.
Pour le reste, une sauce faite d'un peu de
provocation mélangée avec beaucoup de ma
connerie naturelle. Le seul truc bio du livre.
En revanche, la façon dont j'ai tout balancé n'est
ni un hasard ni un accident.
C'est parti dans tous les sens.
Exactement comme j'aime les services en cuisine ;
quand ça vrille et que ça part en couille.

Attention, je ne m'excuse de rien.
J'ai aimé écrire ce livre.
Il a été une vraie bouffée d'air frais, une
expérience cathartique.
Même si, en fin de compte, en me livrant ainsi,
sans pudeur, je ne sais pas vraiment ce que j'en
espérais.
Et la question demeure : au bout du chemin, y ai-
je trouvé quelque chose ?
La réponse est oui.

Mais à ma grande surprise, je n'y ai trouvé ni la sagesse, ni la rédemption. Ça, aucune chance.
Mais j'ai obtenu exactement ce dont j'avais le plus besoin. Quelque chose de plus simple, de plus atteignable, de plus tangible.
Une sorte de paix intérieure.
Et ça me va. Ça me va même très bien.
D'ailleurs, je l'ai relu il y a quelques jours avec une certaine tendresse.
Et il me fait marrer.
Donc mission accomplie.

Depuis, je suis plus calme. Enfin… par moments.
Car il n'a pas atténué mes coups de foudre, mes fous rires, mes coups de mou, et mes coups de sang… Il en reste.
Je ne suis pas désabusé, ni lassé, juste moins sur la brèche. Toujours impliqué, mais plus lucide.
Sur moi, les autres, mon pays de naissance et l'autre, celui dans lequel je vis.
Mais je suis aujourd'hui quand même plus prêt à aimer la vie et à en profiter, plutôt que de la subir.
Le romantisme à la française, en somme.
Une dose de nostalgie, une dose de mélancolie.
Une dose de romantisme et une dose de rébellion.
Et pour le reste… Advienne que pourra.

Et celui-ci, c'est exactement ça.
C'est l'après.
Le calme après la tempête, un peu de réconfort après le carnage.

Car ce bouquin, je ne l'ai pas écrit depuis ma cuisine, mais assis en salle, à une table de restaurant. Comme un client.
Oui, ma chère Alice...
Et si on jetait un œil de l'autre côté du miroir ?
Un client qui a passé sa vie à travailler et à manger dans des restaurants.
Et vu mon job et mon âge, vous vous doutez que j'en ai connus des bons comme des mauvais.
Avec le temps, j'ai acquis un palais, une expérience, un avis.
Et fatalement... une préférence.

Dans ce livre, pas de guerre, pas de cris.
Ni de flammes rugissantes qui ravagent tout sur leur passage. Juste un feu doux.
Une température contrôlée.
Mais si j'étais vous, je resterais quand même sur mes gardes car même à feu doux, on peut se brûler.
Comme j'ai toujours la langue bien pendue et le regard acerbe, je risque de balancer des vacheries en chemin.
Vous me connaissez maintenant, je ne peux pas m'en empêcher. C'est plus fort que fort que moi.
Le fiel fait partie du goût, le sarcasme aussi.
Et je compte bien m'en servir comme assaisonnement.
Donc comptez sur moi, le menu va être épicé.
Les entrées seront salées.
Les plats servis fumants.
Et les desserts... acidulés.

Mais je ne vais pas vous bourrer le mou.
Ce n'est pas un livre de recettes, ni un guide
alimentaire, ni un manuel culinaire. Je ne vous
dirai pas ce qu'il faut manger, et encore moins
comment le cuisiner.
Je ne suis pas là pour ça.
Ça, c'est votre problème, chacun sa croix.
L'idée n'était pas d'écrire un pamphlet, ni un
manifeste contre le monde moderne.
Je ne suis pas venu pour faire la leçon, ni pour
prêcher quoi que ce soit.
Je n'en ai pas besoin.
Car notre bouffe en dit plus long sur nous que
n'importe quel discours.

Justement... J'ai écrit ce récit comme je cuisine,
avec gourmandise. Et je l'ai pensé pour vous
mettre en appétit, pour raviver un souvenir.
Ce moment gravé dans votre mémoire, un plat
que vous avez mangé.
Pas sûr que ça s'applique à beaucoup de choses, ni
à beaucoup de gens, de nos jours.
— Hé, salut, tu te souviens de moi ?
— Non.
— Tu te souviens du pot-au-feu qu'on a mangé il y
a deux ans dans ce petit bistrot ?
— Oui. Et j'en pleure encore.
C'est exactement de cela dont on va parler...
De plaisir.
Vous vous souvenez de ces petits plaisirs
simples ?
Ceux qu'on oublie, qu'on néglige et qu'on sacrifie
sur l'autel du « sans » et du « faut ».

Vous voyez... On n'est plus dans la gifle, mais dans la caresse.
Dans l'intime.
Le ressenti.
Cet endroit magique où la cuisine cesse d'être un métier ou une commodité, pour redevenir un refuge. Un temple où règne un érotisme pudique.
Oui, je le dis, l'érotisme du gras.
Car le beurre devient un lubrifiant pour l'âme.
Il coule comme un souvenir.
Il se hume.
Il nourrit.
Il soigne, il guérit, il console.
Il s'étale sur une baguette bien croustillante.
Alors, ce n'est pas de la tendresse, ça ?
Moi, ça me chavire plus qu'un décolleté.
Une tranche de rillettes et des cornichons peuvent m'émoustiller plus qu'un porte-jarretelles.
Et pour en jouir, je n'ai qu'une chose à faire, croquer dedans.

Nous y voilà enfin, prêts à communier dans la ferveur, la graisse et la grâce.
Si on faisait du retour du péché un art de vivre ?
Si on célébrait le sacrilège le plus noble qui soit, celui qui ne se « like » pas.
Sachez qu'ici, on ne prêche pas la tempérance.
On mange avec passion, on racle et on sauce.
Sans réserve.
Sans honte.
Sans se cacher.
En chantant le vice des sens et la beauté du trop.
Luxure, gourmandise et volupté.

Et si on commençait par ça ?

Allez.
Mes bien chers frères, mes bien chères sœurs.
Entrez dans ce lieu de débauche gastronomique,
et contemplez la magnificence de la tradition
culinaire.
Préparez-vous à pêcher du bon côté.
Amen.

Plat du jour

Je suis chef de cuisine, et j'ai cinquante-trois ans.
Ceux qui ont lu mon premier livre le savent déjà,
mais je précise pour les autres.
Si on parle de bouffe ou de cuisine, il faut éviter
de me prendre pour un jambon et pas me
raconter des salades, dont je ne raffole pas trop.
Je dis ça au passage.
Ou alors il faut me rajouter des lardons, un œuf
poché, et des croûtons à l'ail.
Ou encore mieux, des gésiers, des foies de
volaille...
Voilà, une bonne salade landaise.
Tout ça pour dire que j'ai un peu d'expérience en
la matière.
Merde, au bout de la dix-septième page, j'ai déjà
faim. Ça commence mal.

Je ne vais pas tortiller du cul pour chier droit et je
vais mettre les pieds dans le plat d'entrée de jeu.
Je n'aime pas cette époque, elle m'ennuie.
Non, soyons honnêtes, je corrige...
Elle m'emmerde.
C'est bien le seul point positif, elle ne me laisse
pas de marbre. Car je déteste le tiède, le
nivellement par le bas.
Je trouve que tout est mou, et la litanie des
excuses pour ne pas prendre parti, ou rester le cul
entre deux chaises, comme :
— Je ne pense rien.
— Je n'ai pas d'avis,

Me hérisse le poil.

Vous aurez donc deviné que je ne suis pas fan des restaurants dits à la mode, genre concept surthématisé.
Et ce qui me gonfle par-dessus tout, ce sont leurs menus "Sain et Sans".
Remplis d'assiettes dressées pour Instagram, où tout est droit, propre, fade, à l'image de ce monde qui s'excuse de respirer.
D'entrées tristes pour des clients qui mangent comme on prend un médicament, en pensant que ça les rendra immortels.
Des plats de résistance sans sauce, sans beurre, à mâcher à moitié, les dents serrées, que tu termines l'estomac vide mais la conscience pleine.
Comme un pénitent du quinoa et du tofu.
Des desserts sans sucre, sans gluten.
Bref, de la cuisine sans joie, sans couilles et sans folie.
Si c'est votre truc, pas de souci, il en faut pour tous les goûts.
Moi, c'est pas ma came.

J'aime la cuisine qui chante, qui est faite par, et pour ceux qui ont encore faim.
Faim de beurre, de chair et d'authenticité.
De ce qu'on n'ose plus dire, ni faire, ni goûter, encore moins de rire sans honte de conneries pas politiquement correctes.
Et puisque je vous tiens, je vais vous dire une bonne fois pour toutes que vous me fatiguez avec

vos applis détox, vos régimes à la con, et vos comptes de calories.

Quant aux injonctions des prédicateurs du bien vivre :

"Il faut pas manger ci", ou, "faudrait manger ça".

La politesse m'interdit de vous dire ce que j'en fais.

Mais je suis sûr que vous avez une idée.

Ça s'est fait.

Comme je suis pas là pour effeuiller les marguerites, je pense qu'il est temps de rentrer dans le vif du sujet.

Je vous propose un voyage entre deux mondes.

Celui d'où je viens et celui dans lequel je vis.

Deux pays, deux façons de manger, deux façons d'exister bien différentes.

D'un côté, un monde où l'on désosse la cuisine à coups d'applications, où l'on commande en trois clics ce qu'on ne veut plus cuisiner. Et où l'on mange en roulant, en courant après le temps qui passe.

De l'autre, un monde où le goût prend sa revanche sur le lisse, la gaieté sur la peur, et le coup de rouge sur les smoothies.

Ou la bouffe a encore un sens.

Je parle de celle qu'on prépare, celle qu'on surveille, pas celle qu'on balance dans le micro-ondes.

Ainsi que celle qu'on commande, qu'on savoure dans des brasseries, des bistrots du coin, des troquets et des rades qui tiennent debout par miracle. Et des gastros aussi.

Des établissements diamétralement opposés qui s'entrechoquent, mais des salles où l'on comprend encore ce que veut dire vivre ensemble.
Ces restaurants qui sont l'ADN d'un univers qui vacille, mais qui sont à son image : encore vivants, divers, bigarrés, pluriels, et colorés.
Et c'est ce qui en faisait sa richesse.
Ces endroits bruyants, qui sentent la vie et le bouillon de bœuf, avec des tables pleines de gueules, de voix, d'excès.
Des lieux où des serveurs déposent des assiettes riches, lourdes de sens et de sauce, pour des accros du frisson et du goût.
Des plats en sauce et à l'ail, du pain encore tiède qui craque sous les doigts. Des fumets qui embaument la pièce, et qui t'enlacent avec bienveillance.
En somme, une cuisine qui te chuchote dans l'oreille la plus belle des musiques ; une ode aux orgies de saveurs et de parfums.
Tout ça cuisiné, servi et mangé par des personnages hauts en couleur, avec leurs humeurs, leurs trop-pleins de vie, ou leurs manques.
Et parfois leurs conneries.
Aussi.

Quant à vous, possédés du goût, hérétiques du plaisir, je vous invite à découvrir une sociologie sous effluves de sauce bourguignonne.
De la psychologie nappée de jus de veau.
Une philosophie noyée dans la béchamel.

Une religion dont les préceptes ne vous
enseignent pas à différencier le bien du mal.
Mais l'exquis du banal.
Et qui vous laisse la tête reposée, l'âme en paix, et
la peau du ventre bien tendue.
Merci, petit Jésus.
J'ai fait de cet existentialisme une croisade.
Et ouais.
Mais pas contre les gens, non.
Contre la bien-pensance, contre le fadasse servi
sur une assiette triste.
Contre tout ce qui a remplacé le goût par la
culpabilité.
Et c'est comme ça que je vois la vie, et que je vis
dans ce monde.
Je ne suis ni Rabelais ni Falstaff, et je ne cherche
pas des adeptes, mais des convives.

Bien entendu, ce livre ne va pas forcément plaire
à tout le monde. Puisqu'on y parle de goût, et qu'il
est subjectif.
Je sais d'avance qu'il ne sera pas de celui des
végétaliens fanatiques, et des comptables du
bonheur. Des gourous du « bien-être » sous
cellophane, des croisés du yaourt nature, ou des
apôtres du tempeh tiède.
Parce qu'ici, le seul dogme, c'est le plaisir de
bouffer.

Donc que vous soyez en train d'ouvrir une
bouteille, de danser dans votre cuisine, ou si vous
lisez ce bouquin sur les chiottes.

Voyez ce récit comme une prière pour le bien-être.
Un hymne à la chair comestible.
Un cri d'amour pour la cuisine qui remue les tripes et qui fait battre le cœur.
Célébrons les menus comme des poèmes, le pain comme une étreinte, et le vin comme un aveu.
Et tant pis pour les silhouettes toutes maigres qui comptent leurs pas.
Tiens, puisqu'on en parle, ici on ne va rien compter. Ni les calories, ni les indigestions, ni les crises de foie.
Et encore moins les orgasmes culinaires.
On se fout des assiettes photoshoppées, des régimes et des chamans de la graine. De toute manière, elles ne sont pas au menu ce soir.
On va se bâfrer, saucer, lécher ce qui reste dans le fond de l'assiette, rire la bouche pleine et lever nos verres.
Et on finira le repas avec des chemises éclaboussées de jus, et des serviettes maculées de sauce.
Il va y avoir du gras, du bonheur, et du pinard qui réchauffe l'âme et te nique le foie.
Un joyeux bordel qui façonne un idéal mieux que n'importe quelle doctrine fumeuse.

Et pour ceux que j'ai perdus à Falstaff et à Rabelais, va falloir faire un effort.
Faut suivre, bordel.

Ex cathedra

Je n'ai pas la foi, et je ne l'ai jamais eue.
Je ne suis pas croyant.
Ni en Dieu, encore moins dans la nature humaine.
J'ai longtemps espéré, puis je me suis résigné. Car
le genre humain est capable du meilleur comme
du pire, mais c'est dans le pire qu'il est le
meilleur.
Par conséquent je suis agnostique par choix, athée
par libre arbitre.
Peut-être aussi par paresse intellectuelle, ou par
manque de spiritualité.
Allez savoir.
De plus, je dois vous avouer que les églises me
font un peu flipper. Ce silence solennel, ces
pierres froides, ce marbre qui juge sans un mot,
ces vitraux mystiques.
C'est beau, je respecte, mais ça ne me fait pas
vibrer.

Mais sachez que même les hédonistes ont leur
panthéon, leur cathédrale. Et en ce qui me
concerne, mes temples païens, ce sont les
restaurants.
Ils sont mon refuge.
Mes terrains de jeux où la seule règle est de
prendre son pied.
Je suis en cuisine cinq ou six jours par semaine, et
quand je ne bosse pas, je vais dans ceux des
autres.
Comme un client lambda.

Mais je m'y rends pas seulement pour déjeuner ou
dîner. J'y vais comme d'autres vont à la messe,
écouter des chants de gospel qui résonnent au
plus profond de mon âme et de mon estomac. Et
j'absorbe avec délectation cette mélodie divine, où
chaque plat est un accord.
Chaque geste, une note.
Chaque gorgée de vin, une parole.

En arrivant devant ce lieu de culte, dehors, il y a
cette enseigne, qui invite au plaisir de la chair.
À chaque fois, avant de rentrer et de recevoir
l'homélie, j'ai le même réflexe :
J'agrippe la poignée, et je marque un temps
d'arrêt, comme avant un saut dans le vide. Et dès
que je pousse les portes du paradis, une fois le
seuil du sacré franchi, il y a ce courant d'air chaud
qui me saute à la gueule. Des fragrances de
bouffe, de vin, de bois qui a travaillé, de vieux
cuir, de gras.
Et le bruit m'accueille, comme un chœur d'anges
bourrés, désordonné et chaotique, mais empli
d'une vérité toute simple et d'une émotion
touchante.
Puis, le décor s'impose, les dorures, les boiseries,
les miroirs piqués, les colonnes. Les banquettes
patinées et ce velours usé des chaises, comme des
signes du temps qui passe.
Plus loin, il y a ce comptoir en zinc qui m'attire
malgré moi, et qui m'invite à la sacralisation de la
communion ; pas une hostie salée et une gorgée
du sang du Christ.
Mais des cacahuètes et un verre de vin.

Vient ensuite la procession.
Le long du chemin de croix jusqu'à l'autel, en passant, je regarde les plats entamés sur les tables et les visages souriants en pleine extase gustative.
Certains rient, d'autres exultent ;
Mais tous ont cette même lumière dans les yeux, celle de ceux qui savent exactement où ils sont.
À leur place.
Une fois assis, je savoure cet instant.
Et, à ce moment précis, je me dis toujours la même chose :
Si Dieu existe, il a sûrement une table réservée au fond, près du radiateur. Il a commandé le plat du jour avec une bouteille de Bourgogne.
Opportunément, c'est à ce moment précis qu'il apparaît.
Pas Dieu... mais son assesseur.

Le directeur.

Le gardien du culte, celui qui officie, qui bénit la salle, et arbitre les miracles du service.
Il marche comme un ecclésiastique : lent, observateur, et solennel. Les mains derrière le dos, avec une autorité tranquille et une exigence pointilleuse. Il a le regard pétillant, vif, attentif, concentré.
C'est le pape de la maison, le seul capable d'absoudre un client ou de l'excommunier.
Quand il te souhaite la bienvenue, il porte avec lui un livre épais, relié de cuir, riche d'ivresse et de promesses décadentes :
La carte des vins.

Le travail de la terre et des hommes. Les miracles des cépages, des roches et des fruits.
L'alchimie du divin et du dit-vin, à boire.
Celui qui s'attarde sur la langue comme une confession.
Puis viennent les saintes Écritures.
Les psaumes de la tradition, du bon goût et du goût bon.
Pour moi, ce n'est pas un menu, c'est une Bible.
Et je l'ouvre toujours avec respect.
Je lis toujours cette liturgie du plaisir, avec ses cantiques de plats et de sauces, comme une prière imprimée.
Enfin, le diable en tablier se pointe.

Le serveur

Cet ange tentateur, ce démon qui murmure à ton oreille le fruit défendu
— Je peux vous suggérer un petit pâté en croûte pour commencer ?
Il est le messager entre toi et la grâce de la cuisine, celui qui propage la bonne parole du chef.
Il te susurre les plats du jour comme autant de péchés capitaux.
Le genre qui te réconcilie avec l'humanité.
Et qu'il soit en veste blanche ou en nœud papillon, il apporte le pain et le beurre qui absout toutes les fautes.

Une fois le missel en main, les fidèles peuvent réciter les sermons de la gamelle.

Que tu sois un habitué ou de passage, sois le
bienvenu.
La messe peut donc commencer.
Il y a trois offices par jour.
Et toujours à heures fixes.

PS :
Pour quelqu'un qui n'est pas religieux, y a quand
même pas mal de références liturgiques, non ?
Bon, c'est à surveiller.
Je dis ça au cas où, à la fin du livre, vous me
trouveriez le cul dans le bénitier, en train de
becter des hosties.
Alors, vous aurez le droit de vous foutre de ma
gueule.
Mais seulement, une fois que vous aurez fini votre
dessert, et que vous aurez payé l'addition.
En attendant, je continue.

C'est le jour...

Bon, je me détends.
Maintenant que j'en ai terminé avec mes bouffées
œcuméniques délirantes, revenons à des choses
plus terre à terre. Moins christiques.
Soyons sérieux un moment.
Je vais vous dire pourquoi j'aime autant les
restaurants.
Parce que ce sont des endroits qui sont le reflet de
la vie quotidienne.
Ouverts du petit déjeuner au dîner, on y croise
toutes sortes de gens.
Chaque service a son ambiance, son rythme, et
son audience.
Et ses petits miracles.

Commençons par le petit déjeuner.

Le jour est encore frais et la ville se réveille.
Les camions de la voirie nettoient les rues,
pendant que le marché s'étire hors de son petit
nid douillet, prêt à accueillir les chalands.
Les terrasses se déplient au rythme des chaises
qui raclent le sol et des tables qui se dressent.
Il flotte une douceur étrange, un désordre
charmant, et une faune curieuse.
Des fêtards qui épongent les excès de la veille avec
une soupe à l'oignon au petit matin.
Des hommes d'affaires, pas toujours agréables à
cette heure, discutent de contrats autour d'une
ribambelle de tasses de café vides, et d'une

viennoiserie avalée en trois bouchées. L'attaché-case au pied.

Il y a le tout-venant, les cafés au comptoir, les cafés au lait en terrasse, chics et utiles, car on sort du brouillard du matin en promenant le chien.

Au passage, je vous signale que si vous commandez un croissant, une des deux extrémités, c'est pour le clebs.

Non négociable.

Faites-moi confiance, il vous en saura gré, et vous serez largement récompensé.

Et enfin il y a nous.

Les aficionados du matin.

Les poètes déchus de l'aurore, en quête d'inspiration pour la journée.

Tu t'installes à table.

La nappe est immaculée, rêche, et a encore la marque du pliage.

Dans les enceintes, les infos résonnent comme un bourdonnement qui tient chaud à la nuque. Un son rassurant.

Puis le serveur approche.

Il est beau dans son uniforme. Son gilet noir est impeccable, sa chemise est un peu froissée. Et son nœud papillon est un peu de travers... comme mon cerveau ce matin-là.

Il est bougon, bien davantage que je ne le suis. Un de ces maudits matins où on s'est tous les deux levés un peu à la bourre.

Mais je suis toujours conquis dès que j'entends son bonjour sec et agacé.

Tu commandes un café, des tartines, un croissant.
Le Triangle d'or.
L'espresso arrive, court et noir. Il en sort un
fumet âpre, nerveux, amer, mais envoûtant.
On ne parle pas de diète à cette heure-là, on parle
de courage : celui d'étaler épais, d'être généreux
dès la première tartine.
Car le matin commence quand la croûte du pain
cède. Un bruit sec, poétique, qui annonce que le
jour a enfin sa raison d'être.
Le beurre Échiré ne fond pas, il assouplit le réel. Il
lustre, il répare la nuit et prépare la journée.
La confiture déborde un peu, ça n'a pas
d'importance. C'est la seule tache autorisée sur la
nappe.
Un croissant te murmure sa couche croustillante
sous les doigts, et tu entends ce moment
assourdissant de plaisir.
Tu le goûtes, et tu attends cette fatidique seconde
où tout va rentrer dans l'ordre.
Et le miracle s'accomplit.
Car ce n'est pas qu'un petit déjeuner, c'est un
testament du bien-être.
On devrait toujours commencer la journée par un
geste qui te porte, qui te soulève.
Le matin est une promesse de bonheur, et un petit
déjeuner réussi est une promesse tenue.
Une étincelle.
Le reste, on s'en fout.
On verra plus tard.
La journée peut continuer.

Puis arrive le déjeuner.

Le soleil a pris sa place au-dessus des toits.
Le restaurant sort de sa torpeur et il s'éveille pour
de bon. La tension est palpable, tout doit être
carré. Impeccable.
Car le service du midi, c'est la démocratie par le
ventre. Tout le monde a droit au même pain, au
même vin, à la même lumière à travers la vitre.
Mais chacun défend son camp en choisissant son
plat, sa sauce et son rythme.
La salle est dressée, et les courants d'air font
danser les nappes. Sur la table, les verres sont
dans un ordre parfait : verre à vin, verre à eau.
Les couverts sont alignés, droits et fiers et la
serviette blanche est placée dans l'axe de
l'assiette.

Pendant ce temps, les serveurs s'ébrouent comme
une escouade prête à la bataille. Ils révisent, font
leurs gammes, répètent les plats du jour, les
modifications que le chef a données à la dernière
minute.
Ils tâtonnent dans leurs poches, font l'inventaire :
limonadier, ok.
Carnet de bons, ok.
Stylo, ok.
Ils sont prêts à partir au front.
À l'exception des nouvelles recrues, qui tremblent
à l'idée de se faire massacrer dans ce foutoir
génial.

Le directeur, tel un général, passe une dernière fois dans les rangs pour la revue des troupes, et l'évaluation du champ de bataille. Les serveurs sont dans un coin, au garde-à-vous, inquiets et fébriles. Ils attendent le verdict du commandant qui arpente la salle, en espérant qu'il ne marque pas un temps d'arrêt. Parce que s'il s'arrête, même une seconde, tu sais que c'est la merde.
Il va te chanter Ramona.
Tu vas te faire pourrir parce que ton rang n'est pas nickel.

Puis vient l'ordre de dispersion dans les sections. Chaque serveur a sa rangée de prédilection, plus ou moins proche de la cuisine, avec des habitués à éviter ou à préférer. Ce qu'on redoute, ou ceux avec qui on aime commencer la journée.
Et surtout, surtout, s'il y a un étage, ne pas y être. Car celui qui hérite de ce rang, une fois sa prière récitée, va crouler sous les plaisanteries foireuses et les condoléances d'usage.
Alors on rit, mais on ne se moque pas, parce que demain, si ça se trouve...
C'est pour ta pomme.

Il est midi pétante.
L'horloge sonne comme un rappel qui annonce le tumulte imminent.
Les portes s'ouvrent, les premiers clients arrivent.
La meute surgit et les voix montent.
Le bruit prend sa place.

Le déjeuner, c'est le cœur battant de la journée.
Le moment où tout se joue : les rendez-vous, les
affaires, les retrouvailles, le réconfort.
Et comme tous les jours, les réguliers sont là,
fidèles à leur poste. Ils ont leur table, leur serveur,
leur vin, leurs plats préférés. En fonction du jour,
ou du temps qu'il fait. De leur histoire, ou de leur
humeur. Pas toujours câline.
Les premières minutes sont cruciales, ce sont
celles où tout se met en place, car c'est le moment
où la France s'assoit.
Et quand la France s'assoit, elle commande.
Mais la France est pressée.
Donc le service va être tendu, ça va être le rush.
Va falloir mettre les roulettes.

En cuisine, on passe du néant à la panique en
trente secondes. L'imprimante se met à mitrailler
des tickets à une cadence effrénée.
Tout le monde est sur le pont.
Le chef aboie les commandes et la brigade répond
d'une seule voix, dans un fracas militaire à faire
trembler les murs.
« Oui, chef ! »
À cette heure-là, tout est critique, y compris la
patience du chef, donc il faut fermer sa gueule et
envoyer.
Pas le temps de merder.
Pas d'excuse.
Pas le choix.
Plus le service avance, plus le chef pousse ses
troupes, les invective, réclame des tables dans un
chaos organisé.

En un clin d'œil, le passe est plein, mais aucune assiette ne part.

Soudain, un hurlement. Un râle, qui sonne comme un appel d'outre-tombe :

« Service, bordel de merde ! »

Les serveurs se jettent alors sur les assiettes. Ils filent, slaloment, esquivent, déposent, notent, repartent.

Les plats sortent en cadence et les plateaux volent comme des boucliers. Les commandes pleuvent comme des missiles.

Le ballet est précis, au bord de la frénésie, mais sans crispation.

Juste un sentiment d'urgence d'une efficacité redoutable.

En salle,

Ça parle fort, ça rit, ça mange vite et parfois ça râle. En général toujours les mêmes, ceux qu'on ne peut jamais satisfaire, mais qui reviennent quand même deux fois par semaine.

Avec le temps, c'est presque devenu un jeu, agaçant certes, mais un rituel sympathique. Le client en joue, le serveur le sait, et le chef aussi.

Car si on ne les voit au bout de quelques jours, ils nous manquent.

À certaines tables, le beurre, lui, a déjà fondu dans la mêlée. Parfois le vin coule, souvent la sauce brille. Mais le pain essuie toujours les bords de l'assiette.

Un geste simple, ancestral, presque religieux.

En terminant leurs assiettes, les clients bénissent le chef sans le nommer. Oui, celui-là même, qui ne sort jamais parmi les mortels, mais dont on sent toujours la présence. Là-bas, emmuré dans sa cuisine.

Grâce à lui, on célèbre le goût sans dogme ni prière. On communie par la bouche, par l'estomac.

Vers la fin du déjeuner, certains clients regardent leur montre, et s'offrent un petit extra.

« Tiens, j'ai le temps pour un dessert. »

Ou :

« Remettez-moi un petit café. »

Quant aux serveurs, pas besoin de regarder la pendule car vers quatorze heures, tu te retournes... et la salle s'est vidée dans un mouvement soudain. Tout s'est évanoui d'un coup, tel une marée qui se retire brutalement. Comme... évaporé.

Après le brouhaha ronflant, s'installe un silence sidérant.

Il reste, malgré tout, quelques retardataires, qui traînent autour d'un petit digestif. Ils discutent boulot, vacances, politique.

À la table d'à côté, des badauds profitent et étirent ce moment de bonheur en attendant que la pluie cesse.

Au fond de la salle, des touristes observent, incrédules, impressionnés par ce cirque infernal. Comme des enfants devant un tour de magie qu'ils n'ont pas compris.

Les chefs de rang sont essoufflés, ils transpirent à grosses gouttes. Ils débarrassent les tables.

Les plongeurs sont submergés de verres, de couverts et d'assiettes.

Puis la salle se redresse tranquillement après la tempête, le calme revient.

La sérénité aussi.

Et pour le forçat du service, c'est le moment de grâce. La récompense après cet instant de folie passagère.

Le petit café bien serré, la clope sur le trottoir, et les rires en coin.

Car enfin, on peut balancer des conneries qui font du bien, celles qu'on a retenues depuis trois heures.

Et la nuit.

Le jour s'éteint doucement et la pénombre s'installe tranquillement en prenant ses aises.
L'éclairage tamisé du restaurant tombe sur les nappes comme une caresse.
Une fois les couverts polis de nouveau, le personnel finit de dresser les tables. Sur les verres, parfois, une bougie se reflète et les fait étinceler. Une flamme qui ajoute de la sensualité à l'instant.
Il flotte une ambiance conviviale, festive.
C'est une autre atmosphère, plus feutrée.
Et tout semble plus lent, plus calme, presque intime.
Le lieu a changé de peau et a retrouvé son élégance, son mystère.
Le vin remplacera le café, et les éclats de voix deviendront murmures.

L'équipe d'ouverture est partie.
Ils dîneront en famille, ou avec des amis au resto.
Peut-être devant un plateau télé en bonne compagnie. Les couples se raconteront leurs journées : les clients chiants, le coup de feu, les engueulades avec le supérieur, ou les prises de bec avec cette tête de lard de chef.

Certains serveurs, en coupure, sont déjà là.
Ils essuient la fatigue d'un revers de torchon, car la bataille du midi a laissé des traces. Ils feront une partie du service avant de regagner leurs

pénates, rincés, les jambes lourdes, et les pieds fatigués. Mais avec la satisfaction du devoir accompli.

Le premier réflexe sera de se servir un verre. Puis un petit plat, sur un coin de table, et profiter de ce moment de calme tant attendu.

L'équipe de fermeture vient d'arriver.
Les oiseaux de nuit.
Frais – enfin pas toujours, parfois déjà un peu grisés par un déjeuner tardif un poil arrosé.
Mais reposés, prêts à suggérer, à tenter.
Car le dîner, c'est le retour de la séduction.
Et on a enfin le temps d'envoûter les clients, de chanter les louanges des plats du jour. De vanter les légumes de saison, ou de s'étendre sur les terroirs.
De susurrer un apéritif ou un digestif.

Il est dix-neuf heures, c'est l'heure où les gens ressortent de chez eux, ou arrivent directement du boulot.
Les portes s'ouvrent et les premiers clients du soir arrivent, encore engoncés dans leurs manteaux.
On sent le froid, le poids de la journée accroché à leurs épaules. On devine la joie ou la tension qui accompagneront les convives.
Ceux qui retrouvent des amis et qui vont s'attarder ; car le dîner sera long, plein d'éclats de rire, et parfois d'engueulades.
Ceux qui dînent en amoureux. Qui parlent à voix basse, se sourient, et se déclarent leurs flammes dans des regards complices.

Les premiers rendez-vous où l'on se séduit, où l'on se frôle.

Et les derniers, où l'on pleure, où l'on se console, et où parfois il y règne un silence glacial.

Les solitaires aussi, qui prennent leur temps, se servant de la salle comme d'un refuge contre la solitude.

Et il arrive que dans un coin, un besogneux qui réfléchit attrape un moment d'inspiration, et le couche sur un cahier.

Quand le serveur se dirige vers la table, il y vient d'un pas plus sûr. Le nœud papillon ou la cravate ont repris leur place, bien ajustés. Le ton est bas, posé, la voix est tranquille, presque suave.

Car le soir, on ne parle plus de rendement, mais de quelque chose de plus langoureux.

On décrit les plats comme des poèmes.

Les entrées et les desserts redeviennent un luxe.

Le vin, un baume.

Le beurre, une excuse.

En cuisine, la brigade respire enfin.

La salle est pleine, mais le service est fluide. Les commandes arrivent à intervalles réguliers, en se chevauchant les unes après les autres, sans s'empiler.

Les gestes sont précis. On flambe, on dresse, on goûte. Les casseroles et les poêles ne s'entrechoquent plus, elles chantent.

Et le chef ne crie plus, il orchestre.

Il conduit.

C'est une autre musique, un autre tempo.

Celui de la maîtrise, du contrôle.

Pendant ce temps, la salle, elle, redevient confidentielle. On y entend des rires bas, le cliquetis des verres, parfois le hoquet de bouchon de champagne qui saute.
Certains regards se croisent, d'autres s'évitent.
Le restaurant devient alors un théâtre de demi-mots, de promesses suspendues ou de reproches acides.
C'est la France des dîners à rallonge, où les bouteilles se finissent trop vite et les discussions refont le monde. Certaines agrémentées d'un dernier petit café ou d'un petit digestif.
Mais pourquoi petit ?

Peu à peu, les derniers verres se vident et les rangs s'éclaircissent.
Un couple s'attarde encore, les doigts enlacés au-dessus d'une assiette vide.
Le directeur jette un œil à sa montre et les serveurs rangent les menus. Ils baillent discrètement, car la patience s'amenuise au fil des heures.
La lumière baisse encore, les derniers clients demandent l'addition et quittent le restaurant.
Les chaises et les tables sont vides, mais des traces demeurent.
Il reste des effluves de vin, de beurre cuit.
Des bouquets fanés sur les tables, car la clim et le chauffage ont eu raison de leur fraîcheur.
Une marque de rouge à lèvres sur un verre.

Des serviettes tachées, posées négligemment sur la table, comme des vêtements froissés jetés à même le sol.
La nappe est fripée, comme le drap d'un lit défait après une étreinte passionnée.
Il subsiste un vestige de désir.
Le parfum du plaisir.

Les lumières remontent et le staff cligne des yeux, un peu ébloui. On sort alors de la pénombre de la comédie pour retrouver la clarté du réel.
Le directeur passe au bureau faire la caisse et rédiger le rapport de la soirée.
L'équipe, qui a replié les nappes et soufflé les bougies, traîne au comptoir avec le barman autour d'un dernier verre, avec une dernière clope, dans un dernier sourire.
Puis tout le monde part.
Les lumières s'éteignent et la salle s'endort, doucement.
Et quelque part, derrière une porte battante, il reste une lumière, et un homme seul dans son antre.

Le chef.

Il range ses couteaux, regarde sa cuisine avec amour et respect, et finit son verre de vin.
Tout est propre, il vérifie ses commandes, les frigos.
Il sort et contemple la salle vide, sans un bruit. Un sourire discret mais plein de gratitude apparait, et une expression de fierté se lit sur son visage.

Puis il murmure :
— À demain.

La ville dehors est redevenue froide, mais au fond
de lui brûle un feu invisible. Une flamme vivace,
celle de la jouissance d'avoir donné du plaisir par
son talent, sa sueur, son travail. Avec des plats
parfois faits dans la colère, d'autres par dépit,
souvent dans le vacarme.
Mais toujours avec amour.
Une fois de plus, le curé de la bouffe a fait son
prêche et il a, encore une fois, réussi son miracle :
Offrir un moment de temps suspendu dans la
journée de ses paroissiens.
Ceux venus chercher la consolation ou confesser
leurs faims.
Ceux qui sont venus communier au gras ou expier
une journée.
Ou ceux qui sont venus célébrer une victoire ou
enterrer un chagrin.

La journée est achevée.
La messe est dite.
Rideau.

ADN

On ne devient pas serveur, cuisinier, barman ou chef par accident. On le devient par instinct, par fêlure, par nécessité, par passion. Ou par amour. Mais jamais par dépit.
Et on s'y accroche parce qu'on a quelque chose à prouver, ou quelque chose à fuir.
C'est un choix de vie, un parcours initiatique.
Vous connaissez cette citation de Brillat-Savarin ?
« Dis-moi ce que tu manges, je te dirai qui tu es. »
Eh bien nous, gens de la restauration, on en a une autre :
« Dis-moi où tu bosses, je te dirai qui tu es. »
Parce que le lieu forge la personne.
Car un bistrot, une brasserie, un café ou un gastro, ce ne sont pas seulement des cuisines différentes. Ce sont des mondes, des vitesses, des façons d'exister disparates.
Les gens qui y travaillent n'ont ni la même allure, ni la même langue, ni la même manière de respirer. Leur vêtement, leur regard, leur façon de dire « chef » ou « bonjour madame ».
Tout trahit le monde auquel ils appartiennent.
Et on ne rejoint pas ces univers par hasard.

Il y a ceux du bistrot.
Rapides, malins, un peu voyous. Le torchon toujours à portée de main et la vanne au bout des lèvres.
Ceux de la brasserie.

Ces guerriers de midi et de minuit, carrés, endurants. Taillés pour servir cent cinquante couverts sans cligner de l'œil, et sans une goutte de sueur.
Ceux du café.
les besogneux du plateau, les gladiateurs du petit noir et du Perrier menthe.
Et les moines-soldats du gastro.
Précis, silencieux, habités par la perfection comme par une malédiction.

Certains ont besoin de l'ordre chirurgical du gastro.
D'autres ne s'expriment que dans le chaos savoureux du bistrot.
Il y en a qui aiment le marathon quotidien du café.
Et certains ne respirent que dans la chorégraphie bancale, mais organisée, de la brasserie.

Un bistrot te forme à la débrouille et au bordel.
La brasserie t'enseigne l'endurance et le style.
Le café t'apprend la survie et l'art de patauger dans la réalité.
Le gastro te fait goûter à la douceur de l'excellence, ou l'aigreur de la chute.

Quatre temples.
Quatre liturgies.
Mais une seule règle : servir, satisfaire, et tenir jusqu'au bout du service...
Et recommencer.

Donc chacun choisit son camp. Et parfois, c'est le camp qui te choisit.

Parce qu'il faut le dire clairement, on ne traverse pas ces mondes comme on traverse un trottoir, et on n'y change pas comme on change de chemise.

Car au milieu de ce merdier, on se fabrique une identité.

On s'y frotte et on s'y brûle.

On s'y révèle et on y vit.

Et, au bout du chemin, ta voix et ton regard changent. Ton rapport au monde n'est plus le même.

Parce qu'au fond, dans la restauration, on ne sert pas que des plats. On sert ce qu'on est, sa nature, et son caractère.

Et ça, aucune école ne te l'apprendra.

C'est le terrain qui t'éduque, qui te façonne.

Et ce qui te fait rester, c'est l'ADN.

Pour moi, un restaurant, c'est une bête sauvage.

Dur au mal, exigeant, ingrat et parfois impitoyable.

Mais avec un cœur, un cerveau, un ventre, et un souffle. Et ses organes vitaux ont besoin de carburant, d'air et de sang.

Et je vous invite à renifler ces monstres de près.

Une sorte de visite médicale.

Mais avant de commencer l'examen, on va faire le tour du propriétaire. Car il faut savoir où l'on met les pieds.

On va fouiller tout ça.

Espèce par espèce.

Organe par organe.

Oui, tous.

Passons en revue leurs terrains de chasse, et surtout, comment ils les défendent.

Mettez la tenue de camouflage, on va rentrer dans leurs tanières.

Le gastro

Dans la haute gastronomie, la salle est belle, cossue. Elle n'est pas exubérante, mais suffisamment accueillante pour vous mettre dans les meilleures conditions. Et juste assez discrète pour ne pas détourner votre attention de la raison principale pour laquelle vous êtes venu :
Oublier les bruits du quotidien en expérimentant la quintessence du goût.
Considérez-la comme un sas.
Une zone tampon entre les portes du paradis et le jardin d'Éden.

Ici, le personnel y est irréprochable, précis et savant. Présent, mais toujours un pas en retrait, comme une ombre, qui sait apparaître ou disparaître selon les nécessités de l'instant.
On s'y tient droit, sérieux, parfois à la limite de la rigidité, car les codes de service sont tout sauf malléables.
L'équipe de salle sert le client, mais une de ses fonctions est de mettre la cuisine en lumière.
Ils sont comme un écrin pour un bijou.
Et même si les deux sont comme le bâton et le pèlerin sur le chemin de la quête du divin, indissociables, et dépendants l'un de l'autre.
Ils ne sont pas tout à fait égaux.

Ce qui nous amène à la brigade.
Quelle espèce fascinante, que ces pionniers de la gastronomie.

Les mystiques de la sauce.
Les psychotiques de la molécule.
Les névrosés de l'émulsion.
Ces illuminés de la gastronomie s'engagent dans
ce régiment comme on part en croisade. Leur
quête du Graal est l'harmonie absolue, l'assiette
parfaite. Ils portent la pince de cuisine comme
une épée, et le torchon immaculé comme un
bouclier.
Ces ninjas furtifs, aux gestes précis, et aux coups
de lame chirurgicaux, sont comme des troupes
d'élite dopées aux amphétamines de la créativité.
Ils réfléchissent plus à une carotte que certains à
leur avenir. Ils parlent d'un oignon comme d'un
poème. Et voient dans une réduction de sauce une
métaphysique qui nous est incompréhensible, à
nous, pauvres béotiens.
Ces mathématiciens du goût dressent leurs
assiettes comme on résout des équations. Ils
calibrent, comptent, et nous servent des plats
comme on élabore un théorème.
Ils n'y réfléchissent pas, ils sont habités, possédés.
Car ils passent des nuits entières sur un jus, des
semaines sur un plat.
Ce sont plus que des cuisiniers, ce sont des
architectes de la gastronomie qui construisent des
émotions, et bâtissent des cathédrales
comestibles.
Chez eux, tout est timing et tension, concept et
analyse. Ils explorent, subliment, mettent en
exergue. Ils n'assaisonnent pas : ils exhalent les
parfums, stimulent les saveurs.
Et tout est au grain de sel près.

Ces savants fous le savent, car ils les ont comptés, comme un astronome compte les étoiles.

Et dans leur galaxie, les seules qui les obsèdent, ce sont celles du Michelin.

Dans une cuisine de gastro, le service se déroule en apnée et en silence. On ne respire pas, on ne parle pas. Éventuellement, on peut murmurer, parfois suggérer.

Chaque dressage est une exploration et chaque service est une plongée dans les profondeurs de l'excellence.

Tout ça sous l'œil d'un Cerbère au bord de la crise d'apoplexie.

Le chef.

Talentueux, génial, créatif.

Mais pris entre la peur de décevoir, son ego et la quête du sublime. Des forces contraires qui le compressent, le torturent, le secouent comme dans une centrifugeuse.

Car la moindre erreur, le moindre bruit de pas est une bombe à retardement.

Ce n'est pas un idéaliste mais un rêveur, un joueur invétéré, maladif. Il joue sa place à chaque menu, et mise tout sur chaque silence, chaque sourire à table, espérant avoir trouvé la bonne martingale.

Et quand tout s'aligne... quand tout est en place, quand le plat sort à la seconde exacte.

Nickel.

Brillant.

Parfait.

Millimétré.

C'est le jackpot, du grand art.

Par contre, quand il tire le mauvais numéro, c'est un art qui détruit autant qu'il élève. Car il te bouffe la vie, te tord le cerveau. Il te vrille les nerfs et remplace le rire par la précision, la convivialité par le contrôle.

Tu ne penses plus qu'aux critiques, aux revues, aux classements, à ce que dira le guide.

Aux notes, à ces chiffres qui te hantent et qui font et défont une vie de sacrifice et de labeur.

Et moi, là-dedans...

Comme je l'ai déjà dit dans mon livre précédent, le gastro, ce n'est pas mon truc. Je ne m'y suis jamais senti à l'aise.

Même à l'époque où j'étais en salle, que cela soit serveur ou directeur, je n'y étais pas à ma place.

Et maintenant que je suis en cuisine, rien n'a changé. C'est pas pour moi.

On m'a proposé des postes de chef dans des maisons étoilées et j'ai toujours refusé. Pas par manque d'ambition, mais parce que je n'y respirais pas.

Et encore moins en tant que client.

M'extasier en silence devant un plat m'agace.

Pourquoi disserter trois heures sur une assiette ?

Mange-la, fous-lui la paix, et profite.

Et en salle, tout le cérémonial m'épuise.

La rigidité du lieu.

Les carcans.

Les codes.

Je n'aime pas manger en chuchotant, et je déteste
être observé à chaque bouchée. Et encore moins
être jugé si je fais tomber ma fourchette.

Tenez, je vais vous raconter un truc, qui en dit
long sur le gastro... et sur moi.
Un jour, je suis dans un étoilé. Je m'assois et le
chef de rang m'apporte du pain.
Et comme un crétin, je demande du beurre.
Putain, j'ai cru que le serveur allait se chier
dessus.
Vu son exaspération, et comme je suis con comme
un manche, j'ai ajouté par provocation et juste
pour le finir une bonne fois pour toutes.
« Si vous n'en avez pas, alors de la mayo. »
Voilà, pas grand-chose à rajouter.
Ok, c'est pas très charitable. Mais j'ai pas pu m'en
empêcher, c'est plus fort que moi.
C'est lui qui a commencé.

Tout ça pour dire que ce n'est pas mon monde,
parce que ça ne colle pas à ce que je suis.
Pas mon ADN.
Même la façon dont le personnel de salle s'adresse
aux clients, ou se parle entre eux... Je ferais tâche.
Je porte l'insolence comme un écusson, et la
rébellion comme un étendard.
Ma grande gueule comme un bouclier et la
connerie comme une religion.
Je suis trop brut, trop primaire.
Alors non, je n'avais pas ma place dans une école
hôtelière, et encore moins dans ces temples de la
perfection.

Moi, ma quête est dans le cul d'une casserole.
Je goûte à la cuillère et je corrige à l'instinct. Et en cuisine, j'aime le bordel organisé, le bruit et la fureur.
Et surtout, la simplicité.
Les vins simples.
Les plats simples.
Les gens simples.
Alors oui, le gastro, c'est du génie, de l'opéra.
Mais je préfère le normal et j'aime le rock, passionnément.
En plus, je m'éclate plus en cuisinant pour des gens qui mangent avec leurs doigts et qui saucent avec du pain... et un peu de beurre.
Ça, c'est pour lui, juste au cas où il se reconnaîtrait.

Pourtant... Il faut leur rendre justice.
Je les admire, car j'aime le talent, surtout celui des autres.
En particulier celui que je n'ai pas.
Et ça, je le respecte.
Ces grands chefs, inspirés, géniaux, complexes.
Ces artistes qui cherchent l'éternité dans une assiette.
Quand c'est beau, c'est grand et quand c'est précis, c'est réussi. C'est un orgasme technique, viscéral, guttural.
Mais je ne les envie pas.
Vous avez la noblesse, l'élégance, la technique.
Le respect et l'admiration de la profession.
Mais la convivialité ?
Le gras qui coule et le rire qui déborde ?

La connerie ?
Vous avez remarqué que, dans un gastro, on sourit, on admire, on murmure.
Mais dans un bistrot ou une brasserie... Ça rit à gorge déployée, ça se bouscule et ça grouille.

Quand la haute gastronomie touche les étoiles, d'autres préfèrent rester sur terre. Parce que le gastro est peut-être le sommet, mais c'est aussi l'endroit où tu t'étouffes si tu manques d'air.
Et entre les deux... Moi, j'ai choisi.
J'ai choisi l'oxygène.
Là où le vin coule sans dissertation.
Où les serveurs ont le torchon à la ceinture, te tutoient avec un sourire qui mord.
Et où l'ironie et la fantaisie sont à l'ordre du jour.
Un bar et un comptoir, un plat du jour et un coup de jaja.
Des cuistots qui se marrent, qui râlent et cuisinent comme on aime une femme,
Sans retenue, sans codes, sans formalités et sans restriction.
Et quitte à être sur un champ de bataille, je préfère ne pas être en smoking, mais y aller en baskets et en jeans.
La bite à la main et le couteau entre les dents.
Ouais, comme un pirate.

J'ai besoin d'un endroit où personne ne pèse le sel, ni le plaisir.
Ou le seul timing, c'est l'heure de l'apéro.
Mais où il y a quand même un peu de tenue, de la tradition et du savoir-faire.

Et ce royaume-là,
Cet endroit...
C'est une brasserie.

Les brasseries

Ici, on n'est plus dans les cimes, ni dans les hautes sphères où l'oxygène se fait rare.
On quitte le royaume des dieux pour entrer dans la royauté.
On est dans le cœur de la restauration et de la France.
Car après les temples étoilés, il existe un monde régi par des règles bien spécifiques.
Un lieu où tout se mélange sans se trahir : la belle cuisine, le vacarme, la joie, le vin.
La fatigue et la grâce.
La tradition et la rigueur du service.
Ce bastion est un équilibre parfait entre le foutoir et la grandeur. Comme un pont sacré entre la cuisine moléculaire et le cassoulet.
La Terre du Milieu, en mieux beurrée
Ni snob, ni branchée, ni nostalgique, ni arrogante, et jamais désuète.
Juste là, debout sur son piédestal. Et bien vivante.
Et c'est un endroit où tout le monde finit par revenir. Les anciens pour se rappeler et les jeunes pour apprendre. Quant aux autres, simplement, pour bien manger.
Où la France entière déjeune et dîne encore dans l'insouciance, parce qu'elle a confiance en ces défenseurs d'une cuisine raffinée et honnête.
On peut y croiser un ministre ou un livreur.
Une comédienne ou un routier.
Un dîner de famille ou un repas d'affaires.
Et personne ne te regarde de haut.

À l'extérieur, il est impossible de louper cette enseigne et cette calligraphie chic et liée, comme une sauce parfaitement réduite.
À l'intérieur, le décor est charmant, un peu bourgeois mais juste ce qu'il faut.
À vos pieds, de la moquette un peu usée, qui défonce les pieds des serveurs.
Sur les murs, des tapisseries un peu passées, représentant des scènes de chasse, d'animaux dans des forêts.
Au plafond, des luminaires jaunis par la vie, par les années de cigarette, et les milliers de services qui ont laissé leur empreinte.
Et je n'ose à peine évoquer ces boiseries et le vinyle des banquettes qui sentent le bon vieux temps.
Une odeur un peu rance, mais élégante, presque divine, et qui me transporte à chaque inspiration.
Le parfum noble des maisons qui ont vécu, transpiré.
Que du bonheur, en somme.

Le service est un chaos discipliné.
Un mélange de désordre, d'ordre et de manière.
Une chorégraphie parfaite où tout bouge, tout tremble. Ou tout tient sur un fil, mais rien ne tombe.
Ça tombe bien, ici, on sert vite et à l'ancienne.

Et les remparts de ce fort, ce sont les employés de salle.
Une tribu à part.

Pas les artistes perchés du gastro, mais des soldats de midi et de minuit. Une armée bien rodée, fière de son histoire, qui porte le nom de la maison comme un drapeau.
Carrés, efficaces, et avec ce grain de folie qui sauve tout.

Le barman

S'il y a un personnage sacré en brasserie, c'est bien lui.
Derrière son bar, il écoute sans rien demander. Il conseille sans juger. Il sert sans mesurer. Il sait qui boit pour fêter, qui boit pour oublier, et qui boit pour tenir debout.
Le bar est un confessionnal pour hérétiques et hédonistes.
Accoudé au zinc, assis ou debout, on y dépose ses peurs, ses ratés, ses victoires minuscules, ses espoirs. Ses solitudes et ses ruptures.
Des aveux que même les prêtres n'entendent plus.
Et lui reste là, toujours imperturbable, à essuyer ses verres.
Ne vous y trompez pas, c'est son geste pour nous absoudre.
Au bar, on ne parle pas vraiment au barman.
On se parle à soi-même.
Lui n'est que le témoin discret de notre existence.

Le chef.

C'est souvent un transfuge du gastro.

Un type rompu aux beaux gestes, aux dressages millimétrés, et à la haute cérémonie.
Mais qui a trouvé en ce lieu un second souffle.
Car ici, il respire. Il s'exprime. Il fait du bon, du beau, sans la pression étouffante des étoiles Michelin. Il cuisine pour nourrir, pas pour séduire un critique.
C'est un vieux routard des fourneaux.
Un général cabossé des coups de feu, qui tient sa brigade d'une main ferme, et son menu tout près du cœur, et des tripes.
C'est un historien des saveurs, et il connaît les sauces comme d'autres connaissent des versets.
Un archéologue du beurre, qui respecte la flamme, le gras et le goût de la France.
Pas un artiste torturé, mais un artisan magnifique. Un chef amoureux d'une tradition culinaire toujours éclatante de vérité.

Le serveur

Tout le monde ne s'engage pas en brasserie, c'est un univers particulier. On le choisit comme on entre en séminaire.
Ad vitam æternam.
Et ce géant du service porte sa veste blanche, haut et fier, comme un symbole de résistance.
Il connaît son menu par cœur, la carte des vins au millésime près, et il est incollable sur les plats du jour.
Il connaît la musique, et la cuisine.
D'ailleurs, c'est le seul à tutoyer la brigade.
Car il respecte leurs labeurs, leurs sacrifices.

Et tous partagent la même exigence du service. Le même respect du plat, de l'effort, et de la noblesse du geste. Il découpe une côte de bœuf à table et nettoie une sole meunière les yeux bandés.
Même le chef ne peut que s'incliner devant ce chevalier héroïque et distingué. Car il est le gardien d'une maison, d'une histoire, d'un clan.

Quand il traverse la salle pendant le service, le pas est cadencé. La chemise trempée et le regard franc.
C'est le seul à te voir quand tu crois qu'on ne te regarde pas. Il voit tout et devine la table avant que le client ne s'y assoie,
Il perçoit les humeurs, les faims, les soifs et les colères.
les visages, les silences, les regards.
Les couples qui se forment et se défont.
Les débuts maladroits et les fins qui font mal.
Les sourires qui disent « peut-être ce soir » et les regards qui disent « plus jamais ».
Les rires forcés et les larmes discrètes.
Les anniversaires ratés.
Les demandes en mariage réussies et les adultères mal dissimulés.
Les premières ou les dernières fois.
Il respecte les solitaires qui parlent au vin, et les tables d'amis qui rient trop fort.

Le serveur est le témoin de nos vies, et il les voit défiler sans jamais trop s'attarder sur une seule.
Y compris la sienne.

Car sa vie file comme une eau vive, entre les tables, contre le temps.

Le temps entre les plats, et le temps qu'il reste avant le service du lendemain.

Et je fais une aparté parce que vous, qui travaillez en brasserie, en salle comme en cuisine.

Vous qui, chaque midi et chaque soir, nous offrez un concert d'humanisme où chacun connaît sa note, son tempo, son style.

Je voulais vous remercier.

Merci pour cette poésie du coup de feu.

Brutale.

Sublime.

Authentique.

Même si les mots sont trop inconséquents pour vous témoigner mon respect, ma gratitude et mon admiration, tentons quand même le coup.

Je vous aime.

Comme on aime sa famille.

Mais je dois vous avouer que vos petits cousins me donnent un peu de souci.

Vous savez... les petites canailles.

Les chenapans.

Ces chérubins turbulents qui se prennent pour des rebelles.

Oui, Mesdames et Messieurs, la restauration est une grande famille. Et pour comprendre cette grande fratrie, il faut reprendre notre radiographie de la restauration.

Car après avoir passé la tête et le cerveau au scanner :

le gastro.

Là où ça calcule, conceptualise, doute, hallucine parfois. Le royaume des idées et des obsessions, où le génie flirte avec la démence. Où la perfection frôle l'épuisement.

On a ausculté le cœur :

La brasserie.

Ce moteur infatigable. Cette pulsation chaude qui maintient la France debout. Vibrante.

Maintenant... On va plonger dans le ventre de la bête.

Les intestins.

L'estomac.

Le foie.

Ce lieu populaire, indispensable, irremplaçable.

C'est un bistrot.

Les bistrots

Bon, là, on est à la maison.
Chez moi, dans mon bac à sable.
Des sables mouvants, certes, car c'est un vrai
bourbier.
Le bistrot, c'est le ventre du quartier.
C'est là où tout se mange, tout se boit et tout se
digère dans la joie et la bonne humeur.
Où tout se transforme : les plats, les vins, les
histoires, les jours heureux comme les jours de
merde.
C'est l'école buissonnière de la restauration, car il
n'y a pas de protocole, pas de mode d'emploi, pas
de règles, pas d'étoile.
Juste des tripes et du bordel.
Un lieu où la mémoire s'enflamme. Un sanctuaire
pour les affamés de la vie et les assoiffés du
plaisir.
Mais avant de parler du staff et du service, il faut
poser l'endroit.

Le bistrot du coin, tu le reconnais avant même d'y
entrer.
La façade n'a rien d'extraordinaire.
Une enseigne parfois un peu fanée, des couleurs
chaudes, et des grosses lettres.
Sur les vitres, il reste des traces d'un mot effacé
par le temps et par la buée qui s'y est accrochée en
hiver.
Et souvent, une terrasse.

Sur le côté, un menu sur le mur, où on trouve des
plats qui tiennent chaud à l'âme :
Un céleri rémoulade, un pâté de campagne
maison, des poireaux vinaigrette.
Un bœuf-carottes, un coq au vin, une andouillette.
Une assiette de fromage, une crème caramel, ou
une île flottante.
Des recettes qui sentent l'amour, la tendresse et la
gourmandise.
Du brut.
Du bon.
Sur le trottoir, une ardoise, qui tient encore
debout par miracle, avec le plat du jour écrit à la
craie. Calligraphié par le moins mauvais d'entre
nous. C'est rarement la cuisine qui s'en charge,
car on écrit comme des gorets.
Le plus souvent, c'est l'hôtesse ou une serveuse.
Et dessus...
Une joue de bœuf, purée maison.
Des endives au jambon.
Une brandade de morue.
Voilà, pas de storytelling, pas besoin d'explication
de texte.
Ça cuisine juste et ça nourrit.
Et ça fait du bien par où ça passe.

À l'intérieur, c'est un trésor.
Et tu y rentres sans réserver, sans chichi.
Immédiatement, l'odeur du beurre qui chante, de
la viande qui dore, de l'ail qui rôtit, du persil
fraîchement haché au couteau, t'attrape par le col
et te replonge en enfance.

Et il y a ce comptoir, celui où les enfants du zinc
tuent le temps, sans le perdre, autour d'une
assiette de charcuterie et d'un ballon de rouge.

Quant à la salle, elle est au bord de l'explosion.
Blindée.
Bruyante.
Les tables sont petites, serrées, parfois bancales.
Mais ce coin de table vaut plus que mille adresses
à la mode.
Les chaises en bois sont un peu vieillottes, collées,
branlantes, fatiguées. Car elles en ont porté du
monde.
Des couples, des potes, des ouvriers, les perdus,
les retrouvés. Des « Je ne sais pas où je suis, mais
putain, je suis bien là. »
Elles ont tout vu, et si elles pouvaient parler, elles
en auraient des histoires à raconter.
Et ici, pas de nappes blanches en tissu, mais du
papier, et des serviettes qui ont vécu.
Des verres Duralex qui trinquent et résonnent
comme les cloches du paradis.
Des carafes d'eau qui datent d'un autre temps.
Des pichets de vin qui bossent à la chaîne, qui se
remplissent et se vident sans fin.
Dans ce cafarnaum, tout est étriqué... sauf les
gens, la bouffe, le pinard et les rires.
C'est une capsule à remonter le temps. Ce temps
où le monde des recettes d'autrefois côtoie
l'ivresse, les gueules de bois et la gouaille.
Ça, c'est le décor.

Maintenant, la brigade.

Les mauvais garçons.

Ceux qui, à l'école, prenaient la place près du radiateur, au dernier rang.

Car pour bosser dans un bistrot, il faut des qualités bien spécifiques :

Du sang-froid.

Un sens de l'humour, de préférence vache et au deuxième degré.

Aimer le chaos, la camaraderie et la convivialité.

Et c'est là qu'on trouve des spécimens comme moi. Travailleurs, courageux, durs au mal, fantasques. Et un âge mental qui peut parfois laisser à désirer. D'autres diraient "con comme la lune".

En gros, le chiendent.

On cuisine, on transpire, on s'engueule, mais on s'aime. On picole, on fume et on adore bouffer.

Et surtout, on souffre d'une allergie pathologique à l'autorité.

C'est pour ça qu'on est taillés pour le bistrot et nulle part ailleurs.

Le gastro, on tient une heure.

La brasserie, peut-être deux.

Pourquoi ?

Les uniformes

Bof, pas trop notre truc.

La toque ?

Va te faire foutre.

Peser, suivre une recette ?

J'ai pas de balance et pas le temps de lire.

Fais pas chier.

De toute manière, je me fie qu'à mes yeux, mon nez et ma langue.

Quand on décide de faire un plat du jour, on ne parle pas d'accords mets-vins, on parle de fringale et d'envie.
On réduit au pif, on goûte avec le doigt, et on bosse au bruit du monde.
On est une tribu de cinglés idéalistes pour qui la présentation est secondaire. Faut que ce soit propre et appétissant, bien sûr.
Mais surtout, que ça sente bon et que ça "goûte" bon.
Pour résumer, on est une bande de doux furieux qui croit encore qu'une recette bien envoyée et un verre de vin peuvent sauver la journée d'un parfait inconnu.

Le service.

C'est pareil, du rock'n'roll.
Le serveur connaît tout le monde, ou fait semblant. Il tutoie, rigole, offre des cafés, balance des conneries entre deux digestifs.
Il écoute, console et raconte ses emmerdes à son tour.
C'est un prêtre sans soutane, un défroqué lumineux qui confesse entre deux coups de blanc. Et absout entre le hachis parmentier et le baba au rhum.

D'ailleurs, tiens, puisqu'on en parle. Voilà le test ultime pour savoir si t'es dans une maison sérieuse.

Si tu commandes un baba et que le rhum n'est pas dans l'assiette, mais qu'il est dans la bouteille qu'on te pose sur la table, à côté du dessert.
Là, tu sais. Tu es entre de bonnes mains.

Dans un bistrot, tu peux arriver seul et repartir accompagné.
Ou l'inverse.
Car ici, on ne te juge pas.
Quand on te parle, on te regarde dans les yeux.
Quand on te sert, on te sourit.
Et quand tu manges, on te régale.
Alors tu repars toujours un peu moins vide, un peu meilleur qu'en arrivant.

Alors oui, je m'agace un peu quand je vois le bistrot se moderniser.
Il ne s'encanaille plus, il devient noble. Branché.
Il se conceptualise.
Allez, je vais encore me faire des amis, mais parlons de la bistronomie.
Cette trouvaille qu'on brandit comme une philosophie moderne. Un culte où des bobos fashionistas se retrouvent autour d'un bœuf bourguignon sans gluten, et sans viande. À boire des vins non chaptalisés.
Quant au menu, entre les fiches techniques et la reddition face aux gourous du bien-être, la cuisine devient fade, sans histoire et chiante.
Et la salle ?
Le serveur est un hipster, VRP de vin biodynamique, qui vapote entre deux gorgées

d'eau minérale dans une bouteille en plastique recyclée, à faible empreinte carbone.
Merde, depuis quand le bistrot est devenu aseptisé ?

Ok, ok, je me calme.
J'ai parfois le verbe haut et la vanne facile. Mais j'aime trop ces lieux pour les regarder se dénaturer en silence.
Alors oui, parfois, je déborde. Je colorie un peu en dehors des traits.
Mais je reste optimiste car, heureusement, il reste des irréductibles.

Les derniers romantiques.

Des anciens cabossés et des jeunes qui y croient encore.
Des serveurs au verbe haut et au tablier taché, qui saluent les habitués par leur prénom.
Des cuisiniers qui s'entêtent à cuire à l'œil et à la louche.
Et tout ce petit monde tient bon. Contre les modes, contre les influenceurs.
Ils bossent à l'instinct et pas à l'algorithme.
Ils parlent de gras, de cuisson, de terroir, de clients fidèles.
Pas de visibilité ni de branding.
Ils tartinent le beurre à la truelle et servent le vin à vue, jamais plus haut que le bord.
Ce sont les gardiens du feu.

Ceux qui savent que le goût ne se numérise pas,
que le plaisir ne se partage pas en story mais à
table.
Et tant qu'il restera un bistrot qui sent l'oignon, le
café torréfié et le vin rouge, tant qu'un client se
lèvera pour dire
« Merci, c'était le panard »,
Alors tout n'est pas perdu.
Et c'est une bouffée d'air frais.

Ça tombe bien.
Parce qu'il va en falloir, de l'air.
Car on va attaquer le poumon de la France.
Le royaume du croque-monsieur et du flipper.
Le temple du jambon-beurre et du « grand
crème ».
La vache, rien qu'à dire le nom, j'en ai des
frissons.
Les troquets.

Les cafés

Je ne parle pas du jus, mais du lieu.
Humble, rugueux, humain.
Organique.
Viscéral.
Aucun décor n'a été plus filmé dans toute
l'histoire du cinéma français, et c'est pour une
bonne raison. Car s'il existe des cathédrales pour
les grandes occasions, il existe aussi des églises
pour la messe du quotidien.
Et elles sont partout : grandes villes, villages,
coins paumés.
Le bar-tabac PMU, le rade du coin. C'est le centre
névralgique et le poumon de tout ce qui bouge,
dans les agglomérations et les trous perdus.
Et ici, rien n'est caché, tout est vitré, comme un
aquarium. Mais avec des gens, des vrais.
Et tout se voit, c'est la vie normale, parfois
chiante, drôle, triste.

Sur la devanture, une enseigne d'un autre temps,
éclairée par un néon blanc blafard. À côté, parfois,
un losange rouge criard qui rappelle qu'ici on
vend un produit longtemps symbole de rébellion.
Aujourd'hui honni par les ayatollahs du bien-
être :
Des cigarettes.
À l'intérieur, il y a ce comptoir où tu poses le
coude. Et dessus, des tickets de jeux à gratter
jonchent le zinc, abandonnés par les déçus de
l'espoir.

Autrefois, il y avait même des œufs durs et des
distributeurs de cacahuètes.
Mais tout ça a disparu, désintégré par des demi-
sels, ces dictateurs fanatiques de l'hygiénisme à la
morale étriquée.
Ah ça y est, ça me reprend. Bon, je reste dans les
clous.
Derrière le bar, une machine à café fatiguée de
faire de la mousse de lait crache sa vapeur dans
un cliquetis métallique.
Autour, des verres empilés et des bouteilles
d'alcool, dont certaines marques n'existent même
plus.

Et il y a les tenanciers, ces aubergistes du
quotidien.
Lui, la blague à la ceinture et le verre à la main.
Elle râle à chaque « c'est la tournée du patron »,
parce que c'est elle qui tient les comptes. Et elle
est fatiguée de faire semblant de rire aux mêmes
plaisanteries depuis vingt ans.
Ils connaissent tous les secrets, les dettes, les
amours, les rancunes.
Et les habitués, dont certains n'ont même plus à
commander.
Un bonjour, un signe de tête, un « comme
d'habitude ».
Un sourire, et c'est servi.

Puis il y a le garçon de café, le soldat du sur le
pouce. Ce serviteur de l'éphémère.
Le marathonien du plateau, la monnaie répartie
dans les poches du gilet, et le limonadier à la

ceinture. Il ne s'arrête jamais car il a toujours un client à servir, et toujours des commandes à prendre.
Il empile les consommations comme un jongleur.
Et ça tombe bien, car ici on est un peu au cirque.
Il y a des numéros de clowns, souvent drôles, parfois pathétiques. Car chaque café a ses apôtres, ses pénitents, ses saints, ses diables et ses âmes perdues.
Des ouvriers du matin qui prennent le petit noir au comptoir.
Des retraités qui refont le monde en râlant que c'était mieux avant.
Des ados.
Des ivrognes qui s'effondrent discrètement.
Et ceux qui renaissent après le boulot avec un petit coup de blanc.
Certains qui se sont abrités de la pluie se réconfortent avec un chocolat chaud.
D'autres mangent un Parisien, ou un Lyonnais au comptoir, avec ce fameux et inénarrable demi.

C'est un des rares endroits où les gens se parlent sans se connaître. Et quand les langues se délient, les conneries fusent, et la poésie naît.
Car cette langue, dont les pauses, les délires, les colères, les rires et le vocabulaire cimentent un pays et donnent une certaine profondeur à l'insignifiant.
Et c'est là que j'ai passé toute ma jeunesse, là où j'ai dépensé mon argent de poche.
Un lieu de potes, de premiers fous rires, de premiers flirts, de premiers tilts.

Où j'ai fumé mes premières clopes et où j'ai appris la liberté.
Un endroit qui m'a formé, forgé ma verve, mon identité, mes insultes, et mes vannes.

Je me souviens du café de mon adolescence.
Quand j'étais au lycée, je me levais plus tôt pour passer au troquet et retrouver les potes avant les cours. Car la veille, on s'était téléphoné pour dire cette phrase magique :
« On se retrouve demain, au café. »
Pas besoin de GPS, pas de Zoom Meeting à la con.
Ces matins d'hiver à Paris, où on sortait du métro sous une pluie glaciale.
Au risque de choquer, quand on poussait la porte, cette odeur de clope froide et la fumée en suspens qui nous remplissait les poumons ; ça nous apaisait.
Normal, en même temps l'air ambiant avait une haleine de pastis.
Mais c'était l'odeur de notre refuge, de notre tanière. Et on y était libres d'être nous-mêmes, d'exister, sans nos parents.
Une fois à l'intérieur, on parcourait la salle pour retrouver notre bande. Et en allant jusqu'à la table, on avait les premiers frissons de la journée.
Ce moment d'émotion où on faisait la bise à une fille de la classe dont on était fous, mais qu'on faisait semblant d'ignorer.
Fallait être cool.
Une fois assis autour d'un "kawa", on parlait du film érotique chopé la veille tard dans la nuit.
Des devoirs non faits.

Du contrôle de maths pas révisé qui arrivait (va encore falloir imiter la signature des parents pour planquer la mauvaise note).
Ce moment-là, c'était notre reel Instagram, notre story Facebook.

À midi, on sortait du bahut en courant. Et la question fondamentale et existentielle surgissait :
Avec qui on traîne aujourd'hui ?
Car chaque groupe avait son café de prédilection, et on n'en changeait pas, jamais. On le choisissait en fonction des flippers, du jukebox et surtout des filles.
Et quand les bandes se mélangeaient, c'était une discussion sans fin pour savoir où on allait becter.
Et comme à chaque fois, chacun finissait dans son troquet avec les mêmes têtes.
Personne n'aime le changement, surtout pas un ado.
En début d'année, on y entrait fébriles, timides, car on ne connaissait pas le prénom du serveur.
Donc on y allait à petits pas, sur la pointe des pieds, avec un poli :
« Garçon, s'il vous plaît. »
Et après trois mois, on rentrait conquérants et on saluait le serveur comme des VIP dans une boîte de nuit.
— Hey Pierrot, tu nous mets deux cocas et un croque.
Et on s'installait, en gardant des places pour les retardataires. En les attendant, on faisait nos poches, et on comptait combien on avait sur nous.

Il fallait partager, répartir l'argent entre la bouffe, le liquide et le flipper.

Entre deux bouchées de sandwich et deux gorgées de « Cacolac », on se jetait comme des morfales sur le bastringue. On faisait les beaux, les durs, les voyous, alors qu'on n'était que des crétins boutonneux de bonne famille.

On jouait à tour de rôle, et pendant qu'il y en avait un qui faisait le malin, les autres surveillaient les filles pour savoir si elles regardaient.

Et si c'était le cas, avec la dernière pièce qu'il nous restait, celle qu'on avait gardée précieusement.

On balançait le message personnel.

La dédicace.

Sur le jukebox, on sélectionnait la chanson qu'elle préférait, ou qu'on pensait être la plus adaptée au moment.

L'ampli alors crachait un tube dans une cacophonie féerique. Le son d'une enceinte pourrie, mélangé aux bruits du flipper et au brouhaha ambiant.

Et on jetait des coups d'œil par-dessus notre épaule, merdeux, peureux, les mains moites.

Et là... Si elle nous souriait, on savait.

On avait une touche.

Aujourd'hui, on dirait : « J'ai un like. »

Ou c'était le désastre, le râteau.

Ah, les cons... Mais c'était touchant.

C'était le bon temps.

C'était notre univers, codifié avec ses balises et ses marqueurs, ses cocktails pour moins de dix-huit ans :

le Diabolo menthe, le lait-fraise, la grenadine.
Parfois, on sautait de l'adolescence à l'âge adulte
juste en poussant la porte du café, et on faisait
comme les grands, sans en être.
On buvait des Monacos, des panachés, servis dans
des verres collants, qu'on arrivait à peine à finir
parce que c'était franchement dégueulasse.
Mais qu'on terminait quand même, parce qu'elle
nous regardait de loin. Et on voulait pas passer
pour des poules mouillées.
Tout ça avait le goût et le parfum de l'insouciance,
de la transgression.
Alors on traînait au troquet pour retarder le
moment où on deviendrait des adultes.
Parce qu'après, on savait que la fête était finie.
C'étaient les responsabilités, le boulot, et les
factures à payer.

Et malheureusement, oui, je confirme.
La fête est terminée.
Lors d'une visite à Paris, j'ai voulu retrouver cet
esprit, me souvenir, renifler le bon vieux temps.
Et là, c'est la mauvaise surprise.
Car entre les troquets qui changent et ceux qui
ferment, c'est la désolation.
Maintenant, tu rentres dans un rade, ça sent le
pot-pourri et le patchouli.
On ne peut plus fumer nulle part. Même sur la
terrasse, par −10 degrés, où je suis tout seul.
Et quand je vais sur le trottoir, il y a toujours une
peine à jouir qui passe devant moi en faisant de
grands gestes pour écarter la fumée de ma clope
en râlant.

En ce qui concerne la bouffe, plus de hot-dogs dégoulinants de béchamel et de fromage fondu, et le croque-monsieur est devenu vegan. Quant à la salade du chef, elle a été remplacée par la salade du jardin.

La machine à café crache des lattes au lait de soja et des matchas au lait de brebis.

Les lumières bleues ont remplacé les néons, et le flipper a été échangé contre une machine à poker ou d'horribles machines à parier sur le foot.

Il y a du wifi, des prises USB partout, et les ados sont seuls devant leurs portables ou leurs iPads.

Des tables de « un », alors que nous, on commençait à quatre et on finissait à douze.

Ils ne se parlent plus face à face, mais par écran interposé. Ou ils réagissent à des stories en contemplant la vie des autres.

Plus de jukebox, parfois une playlist lounge, banale et impersonnelle sur Spotify.

Sinon, un silence désarmant, car les gens ont leurs écouteurs dans les oreilles, isolés dans leurs mondes. Persuadés d'être protégés de la réalité de la vie.

Ce n'est plus un endroit de vie, mais une aire de repos. Un terminus vidé de son sens, de son existence, et de tout ce qui faisait son charme.

Nous, on y chargeait nos vies, eux y rechargent leurs téléphones.

On retrouvait nos potes, ils se font des amis virtuels.

Et puis il y a le deuil, quand la vie qui fout le camp.

La disparition des cafés, c'est le cœur de la France qui cesse de battre.

Sans troquets, ce pays se vide de sa moelle, perd sa digestion, son langage et sa colonne vertébrale.

Et quand le rideau tombe pour ne jamais se relever, c'est comme un petit vieux qui s'endort dans sa chaise et qu'on ne réveille plus.

Pas de cris ni de larmes officielles, juste une porte fermée et un silence de trop.

Une absence qui pue la fin.

On peut vivre sans cathédrales, mais pas dans un pays qui perd ses matins, ses confidences, ses disputes et ses éclats de rire. Sinon, ça devient un décor en carton-pâte. Un parc d'attractions faux, superficiel, et sans âme ni histoire.

Des villes qui s'américanisent.

Pour y avoir vécu pendant vingt ans, je vous promets ; c'est moche, ça craint.

Mais même fatigué, épuisé, ce combat perdu d'avance doit continuer, car chaque café qui ferme, c'est un petit bout de ce pays qui perd son âme. Alors il faut s'accrocher, parce que renoncer, c'est accepter de crever, de disparaître.

Ce monde était la dernière barricade avant le fast-food, car la bouffe y était simple et comestible.

C'était le dernier endroit où tu pouvais entrer sans avoir du style, de l'argent, un rôle, où tu n'avais pas besoin de mentir.

Un lieu où rien n'avait l'air sacré, et pourtant tout l'était.

Il m'était impossible de parler des endroits chargés d'émotions et d'histoire sans passer par là.

Pour ceux qui sont de ma génération, peut-être que ce chapitre est un voyage dans le temps, et ça risque de raviver des souvenirs. Peut-être même de vous tirer une petite larme.

Pour les autres, si ceci n'évoque rien, c'est pas grave. Il fallait y être pour comprendre, nous on l'a connu, donc vous ne savez pas ce que vous avez perdu.

Alors peut-être que ça fait vieux con. Pas grave. D'ailleurs, quitte à être un peu désagréable, autant l'assumer jusqu'au bout.

Puisqu'on est dans la tristesse, dans le tragique, autant y rester.

Car dans notre visite médicale, si on prend la restauration comme un corps, un être vivant, tout ce qui rentre doit ressortir.

Alors arrêtons-nous sur le rectum.
Oui, le trou du cul.
C'est par là que passe la merde, non ?
Donc on peut attaquer les fast-foods.

Les fast-foods

De dehors, la première chose que tu vois, c'est cette enseigne, qui ressemble à l'entrée d'un cirque. D'ailleurs, le clown, qui est le visage de la marque, rit sur les campagnes de publicité.
Je le comprends.
Crois-moi, Ronald a de quoi se foutre de notre gueule.
Une fois à l'intérieur, le lieu donne l'impression d'un préfabriqué, monté la veille, à la va-vite, et à peine fini.
Alors que c'est tout le contraire. Tout y est minutieusement réfléchi, pensé et décidé par des cerveaux brillants et machiavéliques.

Tu fais la queue aux caisses avec d'autres parents qui, comme toi, se demandent ce qu'ils foutent là.
Une fois arrivé devant le menu qui est affiché en gros, tu choisis sur photo.
Tu passes la commande, et tu paies l'addition avant d'obtenir quoi que ce soit.
Tu prends ton dû, qui est servi sans couverts et sur un plateau qui ferait honte à un restau-route.
Une fois dans la salle qui ressemble à un réfectoire d'école primaire. Les sièges et les tables sont de couleurs criardes.
Ça sent la friture, le caoutchouc et l'eau de Javel.
Tu t'assois et juste à côté, la poubelle. Remplie de boîtes en carton et d'emballages graisseux.

Je vous fais noter en passant que c'est le seul restaurant que je connaisse où les clients décident volontairement de se poser à une table à côté du vide-ordures ou des chiottes.
Je dis ça, je ne dis rien.

Et tu attrapes ce truc rond, tout mou.
C'est à ce moment précis qu'il faut se demander s'il n'y a pas un truc qui cloche.
Franchement, comment les Français, oui, nous.
Qui avons inventé la béarnaise, le cassoulet, le bœuf bourguignon, la béchamel, la mayonnaise, ainsi que toutes les techniques culinaires modernes.
A-t-on pu être convaincus qu'avaler des burgers congelés, de tremper des frites dans du ketchup en tube, avec une boisson sucrée et gazeuse, était une bonne idée ?

Attends, ne réponds pas de suite. Je vais être sympa et je vais te laisser finir ton repas. Car si ça se trouve, tu lis ce livre avec un double cheeseburger et une portion de frites, pendant que ton milkshake à la vanille artificielle t'attend pour le dessert.
Ou alors, tu es au resto et tu as commandé un burger.
Car, ultime trahison,
Maintenant on trouve "ça", à la carte, dans les bistrots et les cafés.
Je ne ferai pas l'hypocrite en vous disant que je n'en ai jamais bouffé. Bien sûr que si.
Quand j'étais plus jeune.

Quand je n'avais pas trop d'argent ou avant d'aller au cinéma. Un soir où je n'avais pas envie de me faire à manger.

Ah oui, j'y suis allé aussi les lendemains de cuite, pour éponger. Vous pouvez me croire, sur le moment, ça fait le job.

Mais ça doit faire au moins dix ans que je ne suis pas retourné dans ces chaînes, et ce n'est pas par snobisme.

Ça ne vous est jamais arrivé d'avoir mangé des trucs quand vous étiez plus jeunes et, dix ans plus tard, par curiosité, d'en remanger ?

Et là, vous vous dites :

« Mais comment j'ai pu aimer ça ? »

Eh bien, moi, ça me l'a fait.

Et depuis, je n'y suis jamais retourné.

Ça ne passe plus.

Mes goûts ont changé, mes références aussi, sûrement.

En revanche, s'il y a bien une chose qui n'a jamais bougé depuis tout ce temps ;

C'est cette bouffe.

Un pain spongieux, sans croûte.

Une viande hachée écrasée, qui a perdu sa couleur, son goût, son origine.

Une sauce fluo industrielle, bourrée de sucre, qui sature tout pour cacher la fadeur.

Des carrés orangés et gélatineux qu'ils osent appeler du fromage.

Tout ça servi et vendu dans un « restaurant » sans l'ombre d'un cuisinier, ni d'un serveur.

Hop-là. On s'arrête une seconde, car ça mérite
qu'on s'y attarde un moment.
Qui t'a fait ton déjeuner ou ton dîner ?
Je vais te le dire : des opérateurs qui prennent des
ingrédients tout prêts, appuient sur un bouton, et
montent ces machins comme des Lego.
Voilà, merci, bonne journée et bon appétit.
Hein ? Bon quoi ?
Non mais, y a que moi que ça chiffonne ?
Ça n'interpelle personne ?
Mettez de côté le point positif : tout le monde
peut le faire, donc ça crée du boulot pour plein de
gens.
Mais oh... on parle de bouffe, là.
C'est comme si tu allais chez le coiffeur et que le
mec derrière toi avec les ciseaux était plombier.
Ou si tu laissais ta bagnole à un carreleur pour la
révision.
Chacun son métier, bordel.

Et puis, parfois, j'ai une pensée pour les
propriétaires de ces franchises. Quand on leur
demande leur job, ils répondent quoi ?
Gérant de société.
Homme d'affaires.
Commerçant.
Restaurateur ?
Ne riez pas. Une fois, un mec m'a dit ça pendant
un dîner, j'ai failli m'étouffer avec ma salive et me
pendre avec ma serviette.
Il vend des trucs tout prêts qu'on passe au micro-
ondes et à la friteuse. Il ne fait pas son menu.
Il n'y a pas de fabrication.

C'est juste de la production et de la distribution.
Et il ose s'auto-proclamer restaurateur.

Mais ce que je préfère, c'est que tu sois à New York, Tokyo, Marseille, Paris, Lagos... les restos sont identiques. Les photos de la bouffe, les recettes, les ingrédients, le nom et l'emballage sont les mêmes partout.
Les seuls trucs qui changent, c'est la langue et les additifs, selon ce qui est interdit dans ton pays et autorisé ailleurs.
Autrement, c'est la même bouchée, la même bouffe clonée, standardisée, sans terroir, partout.
La même merde pour tout le monde.
En somme, on t'empoisonne selon ton code postal.
Le burger est vendu à la chaîne et le ketchup dégouline. La junk food est empaquetée et vendue comme un art de vivre, avec pour sous-titre le slogan : Obscénité et obésité.
Voilà les valeurs de cette nouvelle république.
C'est beau, la démocratie par le ventre 2.0.

Vous me direz, où est le problème si les gens aiment.
Je vais vous répondre, c'est le mensonge alimentaire.
Ces enseignes de fast-food te fourguent un produit bourré de sucre, de colorants ou de conservateurs, déguisé en plaisir simple, rapide et pratique.
Et tu peux rajouter, en bonus, la perfidie : car pour les gamins, on met un jouet en plastique

dans la boite. Une figurine qui contient autant de produits chimiques que ce que tu vas bouffer.
Comme ça tout le monde est content, heureux.
Tiens, si on l'appelait un Happy Meal.
Et ces gros malins poussent le vice jusqu'à te mettre le compte de calories des... J'allais dire plats... Je ne sais même pas comment vous appelez ça.
Oh les gars, je ne sais pas qui compte, mais faut mettre vos lunettes et changer les piles de la machine à calculer. Ou le contraire, changer les lunettes et mettre des piles dans la machine.

Selon le CDC, le Centre pour le contrôle et la prévention des maladies, quarante pour cent de la population américaine est en surpoids. Chez les ados, on est à vingt-trois pour cent.
Et dans moins d'une décennie, à peu près deux tiers des Américains seront considérés, non plus en surpoids, mais obèses.
Et je ne parle même pas des innombrables problèmes de diabète, d'allergies ou de cancer, causés par les produits chimiques dans la bouffe.
On veut suivre le même chemin en Europe ?
C'est assez ironique qu'en France on ne fasse plus de publicité pour l'alcool et les clopes, mais pour ces poisons sucrés, là y a pas de problème.
Vous appelez ça du progrès, vous ?

J'ai de la chance, à mon âge, et en partie à cause de mon métier, de faire partie des gens qui aiment les produits qui ont une histoire, une saison. J'ai appris à apprécier ce qui se cuisine à la poêle, dans une casserole, ou dans un four.

Je suis pour la viande qui a un nom, le pain qui croustille, et la sauce qui prend du temps.

J'ai grandi, vécu, travaillé dans des cuisines qui sentaient le plaisir qui mijote, pas le plastique qui fond.

Alors oui, je m'acharne. Et à chaque fois que mes gosses veulent manger ça, je tente de casser le mythe.

Un petit creux ? Du pain et du fromage.

Un sandwich ? Une tranche de pâté, des cornichons, enlacés par une baguette fraiche.

Un repas rapide et pas cher ?

Un paquet de pâtes, du fromage et du jambon.

Ou une bonne omelette.

Et, au pire, un plat en conserve.

La différence ?

Ta boîte de conserve a une date de péremption.

Ton burger, pose-le au frigo pendant six mois : il ne bougera pas.

Donc ce sera toujours mieux que ces ersatz.

Car le vrai choix, il est dans un restaurant, au marché, au supermarché et dans ta cuisine.

Certainement pas dans un menu illustré.

Bon, la plupart du temps, mes mômes me regardent comme un vieux con barbant.

Mais de temps en temps, ça marche.

Ils me disent :

« Ouais, ça a l'air pas mal. »

Le téléphone à la main, l'écran sur Uber Eats, le doigt déjà sur le dernier combo XXL du fast-food du coin.
Prêts à commander, la bave aux lèvres

Mais ce n'est pas grave, après tout, quelle importance.
Je me console en me disant que j'ai connu un temps où, le dimanche, on mangeait en famille ou entre potes : charcuterie, poulet rôti, frisée à l'ail, patates dans le jus.
Un plateau de fromages du coin.
Un dessert de la pâtisserie.
Tout ça au son de discussions animées, vivantes.
Souvent avinées, et toujours savoureuses. Et on se marrait bien.
Si, aujourd'hui, certains préfèrent aller dans des chaînes de montage alimentaire, à bouffer du poulet reconstitué, frit.
Qu'est-ce que vous voulez que je vous dise ?
Chacun fait comme il veut.
Si ça leur permet de ne pas se prendre la tête et d'avoir la paix.
Enfin, presque. Parce que si t'es sur ton téléphone ou ton iPad, tu reçois des pubs pour des pizzas surgelées, histoire de te suggérer quoi manger ce soir.

Loin de moi l'idée de faire la morale à qui que ce soit. On est tous responsables.
Et j'ai ma part aussi.
Même si je ne mange pas de burgers, il m'arrive d'acheter des saloperies au supermarché, comme

tout le monde. On a tous nos mauvais goûts et nos plaisirs honteux.

Et, pour être tout à fait honnête avec vous, à ce moment précis où je suis en train d'écrire, je mange du poulet frit avec des frites, et une sauce épicée qui réveillerait un macchabée.

Oh faites pas chier, j'ai deux excuses.

Premièrement, je travaille, donc j'ai besoin de mes deux mains et de ma tête.

Et deuxièmement, c'est moi qui ai tout fait de A à Z, la panure, les frites fraîches et la sauce.

Ce n'est peut-être pas très sain et probablement de la merde, mais c'est ma merde.

On en était où déjà ?

Ah oui.

Le cynisme avec lequel on te propose ces produits me pose un problème.

En jouant sur le fait qu'ils puissent satisfaire les bourses les plus modestes.

C'est un système qui a compris très vite qu'en rendant cette bouffe moins chère, plus visible, et plus ludique que le reste, il gagnerait la bataille et la guerre.

T'as pas d'argent, prends le menu étudiant ou le « un acheté, un offert ».

Au bout du compte, ce qui m'agace, c'est que les gens se plaignent que manger correctement coûte un blinde.

Pas forcément. On peut bien manger en mangeant simple et peu coûteux.

Soyons un peu lucides, le nerf de la guerre, ce n'est pas que le fric. C'est plus compliqué que ça. Plus nuancé.

On veut des produits qui ont du goût, mais pas chers et toute l'année. Et après, on s'étonne de manger des aliments fades et médiocres.

De plus, certains restaurants ne sont pas devenus moyens par plaisir. Ils se sont adaptés à nos exigences qui baissent.

À notre obsession du prix, et il faut le dire, à force de vouloir moins cher, on s'est habitué à avoir moins bien.

À notre refus de prendre le temps de cuisiner, dû à notre paresse, parfois physique, souvent intellectuelle.

Et CQFD, comme on a plus le plaisir à cuisiner, la malbouffe se vend et les restos médiocres prolifèrent.

Si le fast-food gagne, ce n'est pas parce que c'est bon. C'est parce que c'est pratique, facile, prévisible... Et moins cher que ce qui est simple à faire.

On a laissé le goût devenir un luxe.

Triste époque, non ?

La morale de ce chapitre, c'est qu'Astérix n'est plus un irréductible Gaulois, et sa potion magique ne marche plus.

Il s'est pris une branlée par Mickey Mouse et son Coca-Cola.

Quant à Obélix, il est parti en charrette au drive-in du coin, manger son sanglier entre deux tranches de pain aux graines de sésame.

Il a pris son temps car il a hésité : ils l'avaient
aussi en nuggets.
Ce soir, les deux sont au menu.

Allez, on se relève.
Après tout ça, il faut se remonter le moral, parce
que le mien est au plus bas avec ces conneries.
Et si on retournait dans un vrai restaurant ? Avec
de vrais aliments ? et de vrais cuisiniers ?
Tiens.
On va jeter un œil au menu.

Attendez.
Pas tout de suite.
Avant ça, je vous invite à traverser l'Atlantique et
à passer quelques lignes avec moi, aux États-Unis.
Parce que vis-à-vis du fast-food, je n'ai pas la
même indulgence pour les Français que pour les
Américains.
Et on va voir pourquoi.

Bienvenue aux U.S.A.

Je vis aux États-Unis depuis vingt ans.
L'adaptation a été facile, car le pays est
accueillant. En revanche, la vie y est plus dure,
plus chère, plus rapide, et plus impitoyable qu'en
Europe.
Et c'est un peu normal, c'est leur système qui veut
ça : marche ou crève.
Ce qui a été plus compliqué, c'est bien sûr Miami.
Une ville que je déteste depuis le premier jour.
Au moins je suis constant.
Je ne referai pas le panégyrique de cette ville de
merde, c'est dans le bouquin précédent.
Je n'ai aucune pudeur de gazelle à dire que, non,
je n'aime pas vivre à Miami.
Pour moi le monde se résume à Paris et New
York, point barre.

Quant aux Américains, ils sont accessibles,
cordiaux, polis, et assez aimables.
Mais ne vous y fiez pas trop.
Car ils sont professionnellement aimables.
Ils sourient comme une porte automatique, à
volonté.
Ils vous demandent comment vous allez sans
attendre de le savoir.
Ils sont chaleureux, certes, car ils te tutoient vite.
En partie grâce au flou artistique qui est propre à
la langue anglaise. "Tu, vous", c'est le même mot,
donc tu es vite confortable.

Ils parlent fort, rassurent beaucoup, donc c'est pratique.

Les deux peuples ont des similitudes, la même arrogance et ce sentiment de supériorité culturelle et existentielle constant.

Et même s'ils peuvent sembler hypocrites et suffisants, c'est leur façon d'être, il faut s'y faire.

Une fois passé ce stade, ils sont sympathiques.

C'est pour ça que j'apprécie les Américains et leur pays, pour leurs défauts, car ils en disent plus sur eux que le reste, comme pour nous.

Exactement comme les Français en fait.

Mais, dans la vie de tous les jours, il y a toutes ces petites choses, ces détails du quotidien que je me refuse à avaler et encore moins à digérer.

Prenons par exemple les supermarchés.

Les habitudes alimentaires sont très différentes, donc je suis confronté à pléthore de nouveaux emmerdements.

Les marques françaises se raréfient, j'ai du mal à trouver mes biscuits préférés.

Quant aux yaourts, n'y pensez même pas : ici, c'est gélifié, trop sucré, ou blindé d'aspartame.

En ce qui concerne les légumes : les radis, les asperges, les artichauts, le fenouil, les endives...

Pas très populaires.

Je ne compte plus les fois où j'arrive devant la caissière du supermarché avec mes légumes, et elle me regarde en demandant :

« Putain, c'est quoi, ça ? »

L'autre jour, j'en ai même eu une qui m'a demandé quel goût avait une olive, car elle n'en avait jamais mangé.

Et qu'est-ce que vous voulez que je réponde ?

J'ai dit : "Le goût d'olive."

Vu son expression, j'ai vu de suite qu'elle n'avait pas aimé ma réponse. Je suis encore passé pour un gros con désagréable, en bon français qui se respecte. Pas grave, j'ai l'habitude.

Les fromages, c'est un autre problème.

Les Yankees préfèrent les pâtes dures et les fromages gélifiés, donc rien qui pue, ni qui coule. Du cheddar en bloc, des bâtonnets de mozza et du "camembert" ultrapasteurisé et plâtrifié, qu'ils ont rebaptisé Brie. Et oui, c'est plus facile à dire pour eux.

Et fatalement, je m'énerve car je n'aime pas les raccourcis sur la bouffe. Car le camembert, c'est la Normandie, et le brie vient de l'Île-de-France.

Pas pareil, nom de Dieu.

Le vin français ? Cinq ou six variétés en magasin, pas plus.

Tous les produits sont adaptés à leurs goûts, trop salés, trop sucrés, ou trop fades.

C'est normal, après tout, ils sont chez eux, bordel.

Mais on doit leur tirer notre chapeau, car ce sont tout sauf des imbéciles.

En Europe, on a la meilleure bouffe mais on ne sait pas la vendre alors qu'eux, c'est des magiciens. Il n'y a qu'à voir ce qu'ils ont fait avec leur bouffe, ou encore mieux, comment ils ont réussi à la scénariser.

Comparé à eux, on est des amateurs.

Prenez par exemple le dimanche, le jour des seigneurs.
Le matin, ils vont à l'église se confier, communier, expier, voire confesser leurs péchés.
Puis arrive treize heures, et là c'est un autre dieu qu'il vénère.
Paius Foodus Marketus Consumeras.
Car à cette heure précise, c'est la deuxième messe.
le "Sunday Football Day".
Tous les matchs de football américain se jouent le dimanche entre treize et seize heures. Diffusion non-stop et sur toutes les chaînes. Tu peux même zapper entre plusieurs matches, choisir ton équipe, l'endroit d'où tu vois le match. Bref, c'est le paradis du football, et le nirvana du fidèle.
Et une fois qu'on est confortablement assis dans notre canapé, le prélat débarque.

La télévision.

Et c'est elle qui se chargera du sermon.
En martelant, en répétant en boucle des publicités toutes les cinq minutes pour des marques vantant des burgers dégoulinants, brillants comme des objets sexuels. Une orgie de graisse saturée et de cholestérol jusqu'alors inconnue au bataillon.
La nourriture n'est pas désirée, elle est imposée, toujours disponible, à portée d'application. Prête à être consommée sans la moindre hésitation.

Les portions sont obscènes, car il n'y a pas de juste milieu. L'excès passe pour de la générosité et le manque pour de l'anti-américanisme.
Entre les deux, rien, il n'y a jamais d'équilibre.

Et ils ont réussi à me le vendre, à moi, le franchouillard. Mais ça ne date pas d'hier, j'ai toujours été fan de ce sport qui est à l'image de pays. Brutal.
Mais à chaque intermission, je me lève car les réclames me foutent la gerbe. C'est une torture.
Le problème, c'est que comme je viens de voir une pub pour de la bière, j'ai soif.
Donc quand je retourne m'assoir dans le canapé, j'ai une mousse à la main.
Quand je vous dis qu'ils sont forts ces Ricains.

Ensuite la masterclass commence.
Je vous ai dit tous les matchs, non, car il y a du rab avec le "Sunday Night Football". Un match, le meilleur, qu'ils ont gardé pour le dimanche soir à vingt heures.
Et là rebelote, pubs, livraisons, etc.
Ils sont vraiment forts ces Riquains.
Non, ils ne sont pas forts, ce sont des génies.
Car le lundi soir, ils te collent le "Monday Night Football". Et c'est reparti pour un tour, même combat, même punition.

Enfin, comme on ne change pas une équipe qui gagne. Depuis deux ans, le jeudi soir, tu as le "Thursday Night Football" sur YouTube ou Amazon TV.

Un match en avance sur la semaine qui arrive.
Et voilà la troisième couche : les pubs, les
livraisons, etc. Une fois de plus.
Ainsi va le programme de septembre à février et
c'est comme ça toutes les semaines.
Vous pensez qu'à un moment donné ils frôlent la
saturation ?
Penses-tu.
Ajoutez le basket-ball, le baseball et le Nascar.
Tous les sports ont leurs jours, leurs soirées, leurs
menus et leurs orgies.
Voilà, comme ça le calendrier de l'année est réglé.
Et oui, il y en aura pour tout le monde.
Jésus a multiplié les pains, l'oncle Sam se charge
de les répartir et de les distribuer.
Oh, je me plains pas, je suis content, car je suis
convaincu, vendu, et converti.
Quand je ne bosse pas, je regarde le foot, je bois
de la bière et mange des pizzas.
Alors, que demande le peuple ?
Du pain, du vin et des jeux.
Étrange ce retour aux valeurs de l'Empire romain,
non ?
Des putains de génies, je vous dis.

Et depuis tout ce temps, je les regarde s'empiffrer
de saloperies que je ne filerais pas à mon chien.
Oui, je parle de Rocky, mon golden.
Enfin, c'est moi qui dis ça. Je suis sûr que ce
goulu poilu se jetterait dessus comme un mort de
faim.
Comment je le sais ?

Parce que mes gosses mangent comme eux, et dès que la bouffe est livrée, le clebs renifle tout ça, et se faufile sous la table, ni vu ni connu, en bavant et aux aguets.
Prêt à nettoyer le sol au cas où quelque chose tomberait par terre.
Il est malin ce chien, il a compris le système.
Normal,
Il est américain.

Elle court, elle court l'Amérique.

Je reconnais que j'y étais un peu fort sur le chapitre précédent, mais il faut distinguer le fast-food en France et celui aux USA.

Ça me chagrine que les gens en Europe se ruent dans ces établissements, car pour nous, les repas ont toujours été une structure.

Des points d'ancrage.

Des repères autour desquels la journée s'organise. Le temps passé à table est sacré. On ne l'explique pas, on ne le théorise pas, mais tout le monde le sait.

Il y a comme un accord tacite :

Trois fois par jour, on célèbre ce moment avec une cuisine enracinée dans l'histoire et la tradition. Et on ne déconne pas avec ça.

Mais on ne grignote pas en dehors des repas. On ne se gave pas de snacks toute la journée, car la faim fait partie du rituel.

Mise à part bien sûr les deux apéros de la journée qui sont non négociables (eh oui, il y en a deux) : celui avant midi et celui d'avant le diner.

Et si vous n'en faites qu'un, je vous le dis direct...

C'est un sacrilège.

Ici, c'est différent.

Pas mieux, pas pire.

C'est une autre façon de vivre.

Mais pas la mienne.

Dans ce pays, la vente à emporter et le fast-food ont une fonction, une raison d'exister.
Un sens.
Et ce n'est pas par hasard, ça épouse un rythme.
Commençons par le petit-déjeuner, qui a été mon premier choc, ma première claque culturelle.

Les gens se lèvent bien avant le lever du soleil, parce que l'école et le boulot commencent tôt.
Beaucoup trop pour moi.
Le matin, certains prennent le temps de faire à manger pour eux ou pour une famille encore à moitié endormie. Et ça doit caler, car les journées sont longues et brutales.
Des œufs cuits dans l'huile et du bacon frit, carbonisés jusqu'à l'oubli de l'animal.
Des bagels épais et secs comme des parpaings et du cream cheese, un genre de "vache qui rit" mais multipliez la valeur nutritionnelle par cinquante.
Et quand le sucre arrive, ce n'est pas par gourmandise mais par stratégie.
Des pancakes noyés dans un océan de sirop d'érable.
Des céréales servies dans des bols de la taille d'un casque intégral, avec un demi-litre de lait.
Un sandwich au beurre de cacahuète avec de la confiture.

Mais pour d'autres, même ça, c'est trop lent.
Donc, à six heures trente du mat, pendant que j'essaie de rassembler mes facultés mentales, et que je tente péniblement de me rappeler de mon prénom.

La moitié du pays est déjà en voiture, au taquet, comme s'ils flippaient que la journée ait commencé sans eux. Ils donnent l'impression d'être déjà en retard avant même qu'ils aient commencé quoi que ce soit.
Et c'est ça, précisément le premier stress du matin, le retard.
Très mal vu et rédhibitoire pour un employé ici.
Et dans toutes les boîtes, dans tous les corps de métier, tu dois pointer, sur un terminal, un ordi, ou à l'ancienne sur une bonne vieille pointeuse.
Et elle n'est pas du genre compréhensive et indulgente.

Donc comme tu n'as pas le temps de t'asseoir et pas le temps d'avoir faim, car ce n'est pas productif et c'est une perte de temps.
Le petit-déjeuner se chope en route et là où la voiture s'arrête : station-service, drive-thru, coffee shop.
Ce n'est pas une destination, mais plutôt comme un arrêt au stand. On fait le plein et on repart.
Et tout se commande à emporter.
Un café dans un gobelet qui sent plus fort qu'il n'a de goût, fermé par un couvercle – et oui, des fois que tu le renverses, ça pourrait te ralentir.
La nourriture est confinée dans des boîtes en polystyrène.
Elle n'est pas mangée, mais avalée dans la voiture, une main sur le volant, l'autre dans un sac en papier. On mange en conduisant, dans le trafic, au téléphone pour préparer les réunions, ou en finissant de lire le rapport de la veille.

Le premier repas de la journée se fait donc en mouvement, car le petit dej n'est pas une cérémonie, mais une préparation, une mise en condition.

Ce n'est pas sacré, c'est tactique.

La nourriture t'accompagne sur le siège passager et tu peux la manger la tête dans le cul, debout, assis sur le bord du lit, ou coincé dans les embouteillages.

Tant que l'estomac est plein et que le cerveau a du carburant, la pensée s'enclenche et tu peux fonctionner. Et par conséquent produire.

Donc la journée peut démarrer.

À midi rien ne s'arrête vraiment non plus.

Le lunch break porte mal son nom.

Ce n'est pas un arrêt, mais un entracte optimiste.

Une parenthèse entre deux réunions, le trafic et les deadlines.

Certains réchauffent des restes de la veille, et mangent les yeux déjà tournés vers l'écran de l'ordinateur, le portable à la main.

Mais la plupart du temps la nourriture apparait sous la forme de sandwichs.

Stratifié, enveloppé.

Le pain entoure la garniture, le papier neutralise et sécurise le tout. Et le sac transporte ces couches entre toi et la faim. Ça isole l'envie du regret, et le plaisir du devoir.

Et on mange debout, ou au bureau, ou dans la voiture, moteur allumé avec la clim.

Ça colmate, comme du scotch sur un tuyau fissuré.

Tu manges pour tenir. Ce qui compte, c'est de ne pas s'effondrer à 15 heures.
Le déjeuner ne coupe pas la journée. Il la soutient.
Parce qu'encore une fois, l'horloge ne s'arrête jamais.

Et toute la journée, ça grignote. Barres protéinées XXL et snacks prétendument sains, mais bourrés de sucre. Des boissons énergétiques chimiques. Des cafés frappés et des thés glacés à quatorze syllabes, déchirés entre le sirop de glucose et le sucre chimiquement ajouté.
Ne vous inquiétez pas, y a zéro calorie, faites-vous plaisir.
La bouffe ment toute la journée, comme des promesses électorales.

Et puis vient le dîner.
Une fois de plus, tôt.
Toujours trop tôt pour mon appétit.
Je me souviens d'une des premières invitations par des amis. On me demande de venir vers dix-huit heures. Parfait, pile pour l'apéro.
Loupé.
À peine arrivé, cinq minutes plus tard, le repas était servi.
Vous auriez dû voir ma tête quand on m'a demandé de passer à table ; d'ailleurs, la maîtresse de maison s'est inquiétée, elle m'a demandé si je ne faisais pas un malaise.

Mais là encore, en dehors des dîners sociaux ou professionnels, les familles mangent ensemble quand elles peuvent. Sinon, c'est un service continu et chacun mange quand il veut, et pas forcément la même chose.

C'est cuisiné vite, souvent une recette que tu connais par cœur. Quelque chose de simple qui ne pose pas de questions. Servi avant que la faim ne s'installe vraiment.

Et ils mangent seuls, debout face au plan de travail, sur le canapé. L'assiette sur les genoux, ou devant la télé qui diffuse un match (et oui, on y revient).

Parce que les gens sont essorés par la pression. Ils rentrent crevés, avec la journée collée au corps comme une mauvaise gueule de bois.

Donc le dîner n'est pas une fête et ne s'éternise pas. Il ne cherche pas à être mémorable, mais il fait son boulot.

C'est une réparation, avant que la journée ne te vide complètement.

Et la plupart du temps, ça suffit.

Le week-end, c'est différent.
Le dîner est commandé.
Il arrive livré en sacs en papier kraft et généralement frit.

Une fois les boîtes empilées sur la table, chacun choisit son réconfort.

Les portions sont généreuses et les restes sont prévus.

On se retrouve brièvement, souvent par politesse familiale. Les enfants parlent de l'école, puis, assez vite, tout le monde sort son téléphone. La télé bourdonne comme un troisième adulte dans

la pièce, déjà en train d'annoncer le menu du jour d'après.
Et oui, demain, c'est dimanche.

Pourquoi sommes-nous si différents ?
En France, il arrive encore que les repas arrêtent encore la journée.
Car la faim est souvent émotionnelle.
On mange parce que c'est l'heure et parce que la table est mise. Et s'y asseoir, c'est rester ensemble, s'aimer, se disputer, rire, partager.
Les repas sont construits autour de moments où le travail s'efface et où la vie reprend.
Mais pour combien de temps ?
Car même si nous n'avons pas le même rapport à la nourriture, aux repas et à la table. Je ne crois pas que ce soit une question de goût.
Ce serait lui faire trop d'honneur.
Ni de culture au sens romantique ou comme on l'entend habituellement.
C'est une question de temps, que ce pays n'a pas, qu'il n'a jamais eu.
Il y a une culture qui a construit ses repas pour en profiter, l'autre pour ne pas le perdre.
Donc les repas te suivent, et négocient avec le temps. Ils remplissent l'espace qu'il a créé.

Aucune n'a tort.
Elles répondent à des vies différentes, à des pressions différentes, à des urgences différentes.
Aux États-Unis Les repas ont été construits pour que la journée ne plie pas, et surtout pour ne jamais la ralentir.

Rien ne s'arrête autour de la table, car ce n'est qu'une surface. Donc on partage l'espace et les calories, mais jamais le moment.
Car manger n'est qu'une fonction.
Comme une ligne dans l'agenda, ou un carburant temporaire pour continuer à tenir debout.

Après vingt ans, je ne juge plus.
Mais je refuse catégoriquement de signer ce contrat, et j'attends encore instinctivement que la nourriture arrête le monde, ne serait-ce que quelques instants.
Même quand elle n'en a aucune intention. Car elle a toujours un endroit où aller, en roulant à vélo, en scooter, ou en voiture.
C'est pour ça que c'est parfois difficile pour les Français de s'adapter ici.
Certains y arrivent.
D'autres encaissent.
Et il y a ceux qui tiennent jusqu'à un moment donné, et puis ça craque.
Comme moi.
Je fais partie de ceux-là, ceux qui grincent des dents. Ceux qui préfèrent encore manger avec des couverts, plutôt que de tenir leur bouffe entre les doigts. Même si dans mon job on a rarement le temps de se mettre à table, on mange sur un coin de table aussi.

Mais ce pays est à l'image du monde d'aujourd'hui, il a tout le temps la bougeotte, tout est toujours en mouvement, et ça m'irrite au plus haut point.

Mais comme la mode vient toujours de l'ouest,
cette sinécure se répand partout.
Et cette orgie de bouffe, de pub et de matraquage,
et de surconsommation est sans fin.
La nourriture circule et les artères se bouchent,
mais le système continue.
Ça ne manque pas d'une certaine ironie, on
mange sans arrêt dans un pays obsédé par son
refus de s'arrêter.
Comme ce chapitre qui n'en finit pas.
Vous en avez marre ?
Parfait, maintenant vous savez comment je me
sens.

Oui, Paris et la France me manquent.
Mais comme je suis masochiste, New York
également.
Et New York, c'est la quintessence de cette vitesse.
Admettons que l'ambiguïté a son charme.
La schizophrénie, aussi.

Les clichés ont la peau dure.

"But you're French." Lovely.
AWESOME.
AHHH, Parisss.
Eh oui, voilà ce que j'entends vingt fois par jour,
depuis vingt ans.
Mais attention, aux États-Unis, si quelqu'un vous
demande d'où vous êtes, il faut être précis.
Ne vous amusez pas à dire que vous venez de
Paris, direct comme ça, brut de décoffrage.
Sinon, vous, pour eux, vous êtes de Paris, au
Texas.
Donc, il est préférable de commencer par dire que
vous êtes Français et ensuite de balancer la ville.
Vous seriez étonné de découvrir le nombre de
noms de villes françaises aux USA. Versailles,
Montpellier, etc. À Miami, il y a un même
quartier entier où toutes les rues ont des noms
français. La rue de Bourgogne, de Normandie, etc.

Les Américains aiment bien les Français. Ils
aiment notre culture, notre bouffe. Ils trouvent
qu'on est distingués, élégants.
Ils adorent te balancer un mot en français, ça fait
chic, sophistiqué.
Mais ça s'arrête là.
Car une fois le ravissement passé, il y a toujours
un sourire ; non, soyons précis, un rictus
sardonique qui apparait sur le visage de votre
interlocuteur.

Comme un sentiment de gêne, d'embarras, de désolation.

Comme si on te disait :

« Ah, c'est pas grave, personne n'est parfait. »

Ils peuvent avoir une certaine condescendance à notre égard, limite à nous demander si en France, on a l'électricité ou l'eau courante.

Et nos manières, notre singularité les horripilent.

Quant au fait qu'on soit si peu à maitriser l'anglais, ça les laisse perplexes.

Ils n'ont pas tout à fait tort.

Et sur ce point, on est un peu comme eux, on a cette arrogance quand on est à l'étranger, d'être toujours surpris que les gens ne parlent pas notre langue.

Osons le reconnaître, sur les langues étrangères, on est nuls. Ce n'est pas dans notre ADN.

J'ai des potes qui vivent ici depuis quinze ans et, quand on les entend, on a l'impression qu'ils sont arrivés la veille.

Moi, je n'ai pas d'accent ou à peine perceptible. La plupart du temps, on me demande si je suis canadien.

Ce qui est désobligeant, car ils sont comme les Belges pour nous. Des cousins éloignés mais un peu attardés, dont on adore se foutre.

J'admets, ce n'est pas très gentil pour les Belges et encore moins pour les Canadiens.

Eh bien, on va équilibrer.

Vous savez ce qu'on dit :

La raison pour laquelle les Français raffolent tant des blagues belges, c'est qu'elles sont faciles à comprendre, même pour nous.

Voilà. Comme ça, tout le monde en a pris pour son grade. Un partout, balle au centre.

Mais ce qui m'amuse à chaque fois, c'est quand un couple m'annonce qu'il va en France très prochainement et qu'il veut avoir des conseils.
Et je leur explique qu'à Paris, s'ils demandent leur chemin ou un renseignement, ils auront toujours deux réponses.

La première :
I don't know. Je sais pas.
Ah oui, ça, on sait le dire.
La personne est née là, vit là, connaît la ville comme sa poche, mais soudainement, quand on lui demande où est la place de la Concorde, elle est prise d'une amnésie soudaine, totale et abrutissante.
Enflure, je vais te lâcher au milieu de Times Square et t'envoyer au Meatpacking District.
Tu vas voir comment ça fait.

La deuxième :
Tu tombes sur quelqu'un de serviable, gentil et charitable.
Il ou elle veut t'aider, limite à t'accompagner à ta destination. Ce qui n'est pas une mauvaise idée en soi. car on va t'expliquer où tu dois aller dans un anglais plus qu'approximatif. Un mélange de franglais, d'espagnol, d'italien. Un charabia d'onomatopées et de mots inventés, qui ferait sauter les plombs de n'importe quel linguiste.

Mais ce qui m'amuse le plus, là où je me fais plaisir, c'est le moment où ils me demandent s'il y a des choses à manger, ou à faire dans un restaurant français.

À chaque fois je leur répète la même chose.

— Non, vous avez tout faux. Le plus important, c'est ce qu'il ne faut pas faire.

Les Américains sont débonnaires, exubérants, et ils ont tendance à beaucoup parler, à être très amicaux. Et nous, on est plus réservés, mais néanmoins courtois.

Mais s'il y a un truc sur lequel on a aucun sens de l'humour, c'est la gastronomie.

C'est un des seuls domaines qui nous reste où on peut ouvrir notre gueule. On en devient même limite susceptibles, irritables et irascibles.

J'ai arrêté de compter le nombre de fois où les Américains, horrifiés par notre comportement, me disent en rentrant qu'on est quand même des gens très particuliers.

Alors, je les préviens qu'une fois que les visites de monuments sont terminées et qu'ils ont la dalle. Une fois qu'ils ont trouvé un petit resto pour manger, et qu'ils s'installent à table.

Avant d'ouvrir la bouche pour commander, il faut respecter certaines règles impérativement.

J'en ai même imprimé des petits cartons que je garde dans mon portefeuille, et que je distribue à volonté.

J'ai classé les faux pas en fonction de leur gravité et de notre tolérance, donc ça va de l'acceptable au carton rouge.

Mais j'insiste sur les cinq derniers avec lesquels il ne faut pas mégoter, sinon les répercussions peuvent être dramatiques. Donc, mieux vaut ne pas merder.

Voici la liste :

— Raconter à un serveur que vous êtes allé en France il y a 24 ans dans une ville dont vous n'arrivez pas à prononcer le nom correctement. On s'en tape.

— Essayer de parler français.
Non, on ne veut pas entendre le massacre.

— Sourire bêtement au serveur.
Vous êtes débile ou quoi ?

— Décliner la liste des vins.
Impoli, vous préférez un Coca ; ah, oui, on s'en doutait.

— Dîner avec un cocktail.
On n'est pas dans un lounge d'aéroport.

— Demander au chef de partager les assiettes en deux.
On est pas sur Instagram, c'est pas une story.

— Demander votre viande bien cuite.
Troglodytes.

— Dire au serveur de diviser l'addition en six parts égales.
Démerdez-vous, faites les maths de votre côté.

— Demandez du ketchup.
C'est une plaisanterie ?

— Vous pouvez me faire un doggy bag avec les restes ?
Oh, soyez adulte. Finissez votre assiette et payez l'addition, on ne fait pas dinette ici.

Et enfin, le carton rouge.
— S'étonner de ne pas trouver un croissant avec du jambon et du fromage sur un menu.
Putain, ce n'est pas un sandwich.
Ça ne l'a jamais été et ça ne le sera jamais.
Demander un cappuccino en Italie à 14 heures, vous allez voir comment vous allez être reçu.
C'est uniquement pour le petit dej.
Bordel de merde.

Tout ça pour dire que pour comprendre les Français ou ce pays, ça ne sert à rien de visiter, il vous suffit d'aller au supermarché ou de regarder nos assiettes au restaurant.
Parce que la France, et les Français, on les comprend en mangeant.

Sain et sauf

Nous, cuisiniers, chefs, sous-chefs, on est le produit d'une éducation, d'un souvenir, d'une tradition qu'on tente de faire perdurer.
Et notre travail est, par définition, un hommage à l'ancien temps.
On est les gardiens de ce temple.
Nous travaillons avec des produits qui ont une personnalité : certains sont bruts, d'autres délicats. On les prépare, on les assaisonne, et ils se transforment au contact du froid ou à la cuisson, mais pas au contact du monde.
Ils ne font pas de caprices et ils n'ont pas d'humeur.
Ce qui n'est pas le cas des restaurants, des clients et du personnel de salle.

Je me suis aperçu qu'il y avait des plats qu'on trouve moins, voire plus du tout, sur les cartes. Et en particulier ici à Miami.
Je mets de côté les escargots et la soupe à l'oignon, qui, eux, sont partout dans les établissements français à l'étranger.
Alors pourquoi certains plats tombent dans les oubliettes ?
Parce qu'ils deviennent difficiles à vendre.
Tout simplement parce que nous n'avons pas la même culture culinaire, et les clients ne les ont pas comme référence. Et comme la référence n'existe pas, le désir de les manger s'évapore, faute de mémoire.

C'est aussi simple que ça.

Mais ce que je n'arrive pas à comprendre, c'est qu'aujourd'hui, et pas qu'aux États-Unis, on ne cuisine plus. Les trois quarts des produits que les gens achètent sont des plats déjà tout prêts, congelés ou sous vide. Sinon ils se font livrer.
Alors on transmet quoi ?
Certainement pas un goût, ni un geste, ni un savoir.
Le réflexe de l'application, et de cliquer sur le bon bouton ?
La satisfaction de l'instantané et la fierté de savoir faire marcher le micro-ondes ?
Définitivement l'art de se plaindre quand on se brûle avec le plat en ouvrant l'opercule (ce n'est pas un gros mot), ou de râler quand ça arrive froid.

Et la cerise sur le gâteau, il faut ajouter à ça les apparences.
Parce que, dans notre monde modernisé et digitalisé et aseptisé, une tête de veau, ça ne passe pas sur les réseaux sociaux. Ça fait orgie romaine.
Un rognon, ça fait peur à quelqu'un qui a grandi à l'avocado toast et à la viande hachée.
Un foie de veau, ça fait trop tueur en série.
Et si tu en commandes un, on te regarde comme si tu étais Hannibal Lecter.
C'est d'ailleurs saisissant, dans notre époque, cette nouvelle digression entre cannibale et carnivore.

Un pied de porc, c'est trop réel pour une génération élevée au poulet reconstitué, sans peau, sans goût, et surtout sans histoire.
Bref, de nos jours, tout ce qui ressemble à un animal ou, dès qu'il y a une goutte de sang, c'est à proscrire.
Tout ce qui est consommé aujourd'hui doit être sans os.
Du jambon en tranches, mais pas à l'os.
Une entrecôte, mais pas une côte de bœuf.
Donc les clients ne mangent que des blancs de poulet, des filets de bœuf et de la viande extra cuite.
Quant au poisson, il est en filet. Ne vous avisez pas d'envoyer un poisson entier : si vous laissez la tête, même pour une crevette, c'est l'incident diplomatique.
Bref, on désosse tout, sauf la connerie.
Et au passage, vous savez ce qu'on fait aux huîtres dans ce pays ?
On les ouvre, on coupe le pied, on les fait tremper dans l'eau. Et on les remet dans la coquille.
La première fois que j'ai vu ça, je suis allé dans la chambre froide et j'ai chialé, seul, désespéré.

En France, quand j'étais môme et que j'allais chez le boucher : j'avais la photo de la vache dont provenait mon chateaubriand.
Bon, à Miami, y a pas de boucher, donc le problème se pose pas.
Mais, fais ça au resto, ou dans un supermarché, tu es mis au ban de la société au nom de la décence.

On a oublié que la bouffe venait de la terre, du jardin, de la ferme, de la crémière, du charcutier, du poissonnier.

Aujourd'hui, elle vient du marketing : on achète la viande, le PQ, le poisson et le liquide vaisselle au même endroit. C'est neutre. Pratique et sans heurt.

Dans les supermarchés américains, faire ses courses est devenu une conversation entre le packaging et le consommateur, entre le produit et la personne qui va le coller dans le micro-ondes.

Le marketing a remplacé le goût.

La saisonnalité, c'est fini. Bon, y a pas de maraîchers non plus, ni de saison, donc ça aide pas. Mais bordel, il y a des fraises en hiver et des tomates en plein mois de février.

Tiens, tu veux rire, demande à un jeune quand pousse une pêche, je te parie qu'il va te répondre.

« Toute l'année, non ? »

Cataplasme.

On ne peut que constater, et dans mon cas, regretter, que le rapport à la bouffe s'est urbanisé, marketé.

Avant : un plat.

Aujourd'hui : un concept, une tribu, une revendication.

Ce n'est même plus de la nourriture, c'est une identité, une posture.

Les gens veulent manger propre et vite, mais sans savoir ce que ça veut dire de cuisiner.

Et forcément... quand tu changes la manière de manger, tu changes la manière d'acheter.

Et tu changes la manière de cuisiner, tu changes
la manière de vivre.
Du coup, leur rapport à ce qu'ils mangent à la
maison dicte maintenant ce qu'ils attendent
quand ils sortent.
Ils veulent exactement la même chose au
restaurant. Mais dans une assiette chaude, à table
sur une jolie nappe.
La même merde, mais en plus cher.
Et c'est là que tout bascule.
Car de nos jours, on mange l'idée d'un produit,
pas le produit en lui-même. Il faut que ça soit
lisse, rassurant, pas agressif. Pas choquant, sans
race, et si possible sauce à part.
Un truc qu'on peut avaler sans réfléchir et sans
émotion.

C'est pour ça que nous, derrière nos fourneaux, on
voit tout ça arriver comme un tsunami.
Et même si on essaie de tenir la digue, elle prend
l'eau.
Alors on se terre dans nos cuisines, et on reste
entre nous. Névrosés de la poêle, névropathes de
la cuisson et psychotiques de la sauce, et on se
console avec notre bouffe maternelle, partout où
on va.
Car ce qui nous échappe, à nous qui vivons pour
et par la cuisine, ce n'est pas la technique.
C'est l'humain.
Et comme on est aussi à l'aise avec les gens qu'un
végétalien avec un couteau à viande.
Pour nous, la salle, c'est une galaxie totalement
étrangère. Car ici, elle est le parfait reflet de son

époque, avec ses rites, ses gens, ses modes et ses contradictions.
Et ses prises de tête.

N'oubliez jamais cette phrase d'Anthony Bourdain.
« Pourquoi tous les chefs sont des ivrognes ?
Parce qu'on ne comprend pas pourquoi le monde ne tourne pas comme nos cuisines. »

Il était une fois un menu.

Bon, maintenant que vous avez une idée globale
de ce qui se passe, retournons dans un restaurant.
On a parlé des endroits, du temps, du staff, de la
question du choix.
Mais il reste un sujet fondamental dont personne
ne parle jamais.
Car vous, profanes, pèlerins ou juste amateurs de
bonne chair. Vous, qui prenez place à table et
commandez votre plat sans trop vous poser de
questions.
Vous vous êtes-vous déjà demandé comment on le
faisait, ce satané menu ?
On fait ça au pif ?
Ou il y a autre chose derrière ?
Eh bien ce chapitre entier est dédié à l'art de faire
une carte de restaurant.
Bienvenue dans notre enfer, où le cachet
d'aspirine est le totem.

Car une fois que tu as une recette et que le
dressage est calé, il faut formuler les plats et les
vendre.
Et faire un menu de restaurant, ce n'est pas juste
rédiger un papier plastifié, c'est comme un
mariage, il faut faire des compromis.
Mais là où ça se complique, c'est qu'il y a un
ménage à trois.
Voilà le trio infernal.

Le patron.

C'est son resto, donc il veut ses idées, ses marottes et la recette de sa grand-mère.

Jusque-là, tout roule.

Puis, un jour, il vient te voir avec la recette que sa moitié lui a faite la veille—même si elle est nulle et sans intérêt (pas sa moitié, hein, la recette).

Alors on la fait, on la déteste, et on ferme nos gueules.

Et oui, allez expliquer au mec qui signe ton chèque de salaire que sa femme cuisine comme une patate.

C'est du vécu.

Les clients.

Là, c'est plus tendu, car c'est la jungle.

Faut jongler avec le quartier, les modes, les intolérances inventées, les égos, les caprices et les arrogances de la faune locale.

Et puis il y a une nouveauté :

Tout le monde est chef maintenant.

Combien de fois ai-je croisé des clients qui me disent :

« Je suis chef, comme vous. »

Je réponds :

« Ah oui ? Où ça ? »

Et Madame me balance, sans sourciller :

« À la maison. »

Et tu as droit à un florilège d'absurdités du genre :

les « À la maison, je fais pareil ».

les « Si j'étais vous, je mettrais un peu plus de... ».

Ou « Si j'étais vous, je ferais comme ci ou comme ça ».

Je pense que c'est la phrase que j'ai entendue le plus dans ma carrière.

À chaque fois, je me pince pour ne pas être désagréable, mais j'ai les mots au bord des lèvres : « Vous savez quoi ? Ouvrez un resto, envoyez cent cinquante couverts par service... et ne me cassez pas les couilles. »

En revanche, ironie du sort, au resto si tu veux un beurre blanc en moins de trois minutes ? Pas de problème.

Une béarnaise en moins de quatre minutes ? OK. Envoyer cent couverts en trente minutes ? Aucun souci.

Mais cuisiner pour quatre à la maison, et si ma femme me demande une mayonnaise en même temps, je suis perdu.

Ce qui nous amène naturellement au troisième larron du trio...

Le chef.

Là, on marche dans un champ de mines, car c'est le plus instable du trio.

Il est susceptible, soupe au lait et pas objectif. Si la recette ne vient pas de lui, il trouvera toujours un truc à critiquer.

Ce n'est pas moi qui le dis, c'est quinze ans de cuisine et trente ans à côtoyer des chefs au quotidien.

On a un ego qui pourrait nourrir un régiment.

Et comme on est un peu butés et capricieux, on veut faire notre carte, à notre goût, avec nos recettes.

Et si vous n'aimez pas, c'est que vous n'y connaissez rien ou que vous n'avez rien compris. Je ne dis pas ça de manière péjorative ni caricaturale, mais on a ce réflexe. Car on est toujours persuadés qu'on a le bon goût, le bon plat, et le bon assaisonnement.

Et ce n'est pas toujours le cas.

La principale qualité d'un chef, c'est d'accepter qu'il puisse avoir tort. Pas seulement d'écouter l'avis des autres, mais de réellement le prendre en compte.

Et ici, on est gâté, car on est obligé de composer avec les demandes des sans gluten, des végétariens, des végétaliens, des sans lactose.

Je connais même des restaurants où le chef ne se sert plus de poivre, pour éviter les emmerdements.

Car le client est roi... et ils le savent.

Donc il arrive qu'on nous demande des plats qui nous gonflent.

On va y mettre une telle mauvaise volonté à les faire, qu'on va réussir à prouver au propriétaire que c'est trop long, trop compliqué, pas bon, et surtout notre argument massue, trop cher.

Et s'il y a un chef qui lit ça et qui me dit qu'il ne l'a jamais fait, qu'il me jette la première pierre.

Ah, tu ne trouves pas de pierre ?

Faux-cul, va.

Bon, une fois les compromis faits, il reste deux
questions :
La première,
Pourquoi on met certains plats et pas d'autres ?
Tiens, si j'étais joueur et taquin, je mettrais ça à la
carte.
Mais j'aurai deux menus.
Un pour les Français et un autre pour nos amis
d'outre-Atlantique.
Comme je présume que votre niveau d'anglais
date du CE1, je vais vous condenser les deux et les
traduire.
Et j'insiste sur le fait que je le mettrai exactement
comme ce qui suit.

ENTRÉES
Escargots au beurre d'ail.
(de l'ail, du beurre. Je ne fournis pas les Tic Tac.)
Assiette de charcuterie.
(du cochon, du cochon et encore du cochon.)
Céleri rémoulade.
(de la moutarde et une tonne de mayo.)
Poireaux vinaigrette.
(ça fait pisser.)
Harengs pommes à l'huile.
(si vous n'aimez pas les oignons, oubliez.)
Frisée aux lardons, œuf poché et croûtons à l'ail.
(la frisée est une salade, pas une coupe de
cheveux.)
Bulots, crevettes grises et aïoli.
(la vraie, pas une mayo blanche aromatisée.)
Œufs Mimosa.
(du persil et des oignons.)

Soupe de poisson, rouille et croûtons à l'ail.
(ouais, encore de l'ail.)
Bouchée à la reine.
(farine, beurre, lait, et... un peu d'ail.)
Os à moelle rôti à la truffe.
(le pain n'est pas en option.)

PLATS
Bœuf bourguignon
(il y a au moins six litres de vin rouge là-dedans.)
Blanquette de veau
(gluten, viande et beurre, c'est comme ça.)
Entrecôte béarnaise & gratin dauphinois
(la béarnaise est à volonté.)
Gigot d'agneau & flageolets
(ça fait péter)
Endives au jambon
(c'est riche, faut avoir faim.)
Poulet rôti & purée maison
(on m'a obligé, pour me venger, j'ai mis de l'ail.)
Tartare de bœuf, frites au couteau
(vous pouvez vous brosser pour que je cuise.)
Sole meunière
(oui, il y a la tête, ne vous évanouissez pas.)
Plateau de fruits de mer
(si vous aimez bosser avec les doigts.)
Moules marinières
(pareil mais avec l'odeur d'oignon.)
Ris de veau grillés
(Oui on mange ça et c'est l'éclate.)
Rognons sauce moutarde à l'ancienne
(Oui on mange ça aussi et c'est l'éclate.)
Pot-au-feu

(si vous voulez manger sain et vous sentir bien.)
Cassoulet
(exactement le contraire.)
Confit de canard
(oui ça cuit dans le gras. Non, saignant, ce n'est
pas possible.)

DESSERTS
Assiette de fromages affinés.
(ça dégouline, ça pue et le vin est obligatoire.)
Tarte au citron meringuée
(ma préférée. Donc au début.)
Île flottante
(vérifier votre taux de glucose avant et après.)
Paris-Brest
(faut aimer le beurre et le gluten.)
Profiteroles
(je ne rembourse pas le teinturier.)
Tarte aux pralines roses
(si vous aimez les orgasmes.)
Soufflé au Grand Marnier
(Ça prend du temps, mais vous allez être contents,
vous avez le temps d'aller sur Instagram.)
Mousse au chocolat
(plaignez-vous à la personne qui m'a demandé de
mettre le poulet.)

Ça a de la gueule, non ?
T'as faim ?
Bah tu vas y rester, sur ta faim, parce que c'est
impossible.

Je ferme au bout de quatre mois à cause des achats, et du nombre de personnel nécessaire pour tenir ce menu.

Et une fois au bord de la faillite, je finis en taule, parce que j'ai poignardé tous les clients qui demandaient des modifications. Et j'ai balancé mon équipe dans la friteuse parce qu'elle ne suivait pas.

La deuxième question
Comment on organise ce putain de menu ?
Voyons les stratégies et les cerveaux qui se cachent derrière.

Les flemmards :
Tout en ordre alphabétique.
Point barre.
Les pragmatiques :
Par prix, croissant ou décroissant.
Pas de poésie.
Les réfractaires :
Ils mettent ce qu'ils veulent, dans l'ordre qu'ils veulent. Et si t'es pas content, c'est pareil.
Les petits malins :
Par profit.
Ils savent que vous ne lisez jamais jusqu'en bas, donc les marges en haut, la sueur en bas.
Les studieux :
Des malades du concept. Tableaux Excel, stats, PowerPoint. Tout ça pour décider où placer la putain de frisée aux lardons.
Et puis, il y a les amoureux transis.
Comme moi.

On fait un menu comme on joue un solo de guitare, avec des brillances, des fausses notes, des hésitations, ou des moments de grâce.

Mais il y a un autre cas de figure car si le chef est aussi le patron, là c'est autre chose.
Sur un menu, il va ranger les plats par sentiment, pas par prix.
Alors, regardez les quatre premières lignes de chaque catégorie. C'est là qu'est son cœur, son ego, son plaisir.
Ceux-là, il les bichonne.
Le reste ?
Plus c'est en bas, plus il s'en tamponne le coquillard.

Voici donc comment un menu se fabrique, comment il ment, comment il naît et comment il survit,
Et surtout, comment il fait vivre une maison.
Dans le chaos, les égos, les compromis, les coups de génie et les coups de fatigue.
C'est aussi une histoire d'amour et de haine. De fulgurances et de ratures.
Des plats qu'on adore, des plats qu'on regrette, des plats qu'on met juste « pour faire joli ». Et dans le pire des cas, certains qu'on peut pas saquer.
C'est un tableau qu'on repeint sans cesse, car il y a les réalités économiques.
Il doit être rentable et suivre l'air du temps.

C'est un poème fabriqué au milieu d'un champ de
mines.
Un truc bancal, souvent honnête, parfois trafiqué,
mais toujours sincère et qui respire.
Et maintenant que vous savez ce qu'il y a derrière
chaque ligne, la prochaine fois que vous en
ouvrirez un, donnez-lui le respect qu'il mérite.
Car il a survécu à une guerre civile et à des
engueulades nucléaires.

Mais attendez, ce n'est pas fini.
Maintenant que vous avez l'oiseau, encore faut-il
qu'il puisse voler de ses propres ailes.
Car en face de moi, que ce soit les clients ou des
serveurs, j'ai ce qu'on appelle ici les
"Millennials" et la génération Z américaine.
Dopée au matcha, au lait de soja, au tofu grillé à
l'huile d'avocat.
Et moi, je suis français, j'ai 53 ans, et old school.
Donc si je veux survivre dans ce nouveau monde,
il faut que je le comprenne, et que je m'adapte.
Eh là, ce n'est pas gagné du tout.

Dommages collatéraux

Alors, on fait quoi avec tout ce bordel ?
Avec tous ces bouleversements culinaires et
culturels, ces nouvelles modes et ces tendances
qui sortent de je ne sais où ?
Comment s'adapte-t-on dans les restos pour faire
plaisir à tout ce petit monde, quand on est un chef
français à Miami ?
Je sais, je vous avais dit que c'était pas un livre de
chef. Désolé, je peux pas m'en empêcher.

Eh bien, on fait des cartes modernes, simples,
accessibles et sans risque.
Donc, il reste :
Un tartare de saumon (l'entrée passe-partout et
qui n'offusque personne).
Du poulet (aussi facile à vendre que du papier
A4).
Un filet de saumon (souvent d'élevage, donc sans
goût, et le même procédé que l'entrée).
Un steak de thon (tant qu'il en reste...). Mais si
vous comptez le vendre mi-cuit, vous rêvez. Et au
pire, il y a encore un à qui je vais devoir expliquer
que le steak c'est pas de la viande.
Un burger (pas le choix).
Un bowl (ah, ça, ils aiment, ça parle à leurs
chakras).
Des pâtes aux légumes, ou un risotto au bouillon
de légumes, sans parmesan. Si vous vous sentez
en confiance, faites une sauce ragoût.

Mais ne pensez même pas à mettre un tartare de bœuf.
Personne ne le goûtera ni ne le vendra. Un jour, un serveur m'a vu avaler de la viande crue.
Depuis, il me regarde bizarrement ; et dès que je m'approche, il est inquiet.

Et dans tout ça, on a oublié une victime collatérale.
Il n'y a pas que nous, les cuistots, qui souffrons de ces mouvements de plaques tectoniques.
Il y a aussi les serveurs, ils sont comme les cuisiniers, sauf qu'ils sont en première ligne, qu'ils vivent à la lumière et parlent aux gens.
Et j'ai un respect immense pour eux.
Mais soyons honnêtes, ici, il y a plusieurs espèces.
Comme dans les documentaires animaliers.

Il y a le serveur 2.0 :
— tatoué de la cheville droite au cartilage de l'oreille gauche. Bon, c'est un style.
— Sans carnet, "parce que je retiens tout". C'est ce qu'on va voir.
— Il parle le même langage que les clients. Là tout va bien.
— Il est vegan. Ça, ça ne me pose pas de problème, mais comme il ne veut rien goûter, il ne connaît pas la carte. En plus il ne mange pas de gluten et n'aime pas le poivre.
Et comment tu fais, mon grand, pour vendre tes plats si tu ne sais pas quel goût ils ont ?
Si tu ne goûtes pas, tu n'apprends rien.
Et tu ne sais rien, tu dis des conneries.

Je vous donne un exemple.

Un jour, je sers des Saint-Jacques en plat du jour et je le montre aux chefs de rang.

Un me dit :

— Non, je ne mange pas ça, j'aime pas le poisson.

Bon, c'est pas un poisson, mais passons. Ne faisons pas la fine bouche.

Un autre tente le coup, en mange un morceau, et me balance :

— Ça ressemble au poulet mais ça a un goût de mer, et la texture est étrange.

Je le regarde surpris et un poil agacé et je lui réponds :

— Andouille, c'est un coquillage, c'est un fruit de mer.

Comme la surprise change de camp, il marque un temps d'arrêt. Donc je suis forcé de développer.

— Non, pas comme une pomme qui pousse dans l'eau. C'est comme ça qu'on les appelle communément, c'est un produit de la mer.

Vous, vous m'avez compris.

Lui, non.

Promis, du vécu.

Allez, pour rire, encore un exemple.

Un jour, je fais une salade avec de la chair de crabe. Aux États-Unis, on appelle ça : « crab meat ». Donc si on traduit, ça fait viande de crabe. Le détail a son importance, vous verrez pourquoi.

En début de service, un serveur vient me voir, et je vous laisse apprécier le dialogue qui suit :

Lui : Chef, combien je facture la "crab meat salad" et s'il y a une cuisson à suggérer.

Moi : Le crabe est cuit à l'eau mais servi froid, avec la salade et la vinaigrette et des agrumes.

Il a un moment d'hésitation et il répond avec un air dégoûté :

Lui : Une salade avec de la viande bouillie et froide ?

Moi : Non, crétin, c'est du crabe.

Lui : Mais tu m'as dit que c'était de la viande.

Je le fixe et je lui laisse un moment pour voir si quelque chose se passe.

Et rien.

Et oui, il s'était arrêté à viande de crabe.

Du coup, il cherchait quel animal c'était.

Pour abréger ces souffrances, et les miennes. J'ai été obligé d'ajouter :

— C'est de la chair de crabe, le truc avec les pinces.

Lui : Ahhhhhh, ok, donc c'est une salade de poisson.

J'ai laissé tomber, va comprendre.

Bref, tout est comme ça. Je te jure, parfois, la réalité est plus drôle que la fiction.

Et pour finir, il y a mon préféré : celui qui s'en tape royalement.

Le client lui demande :

— C'est quoi le poisson du jour ?

Réponse :

— Euh... Je ne sais pas, je vais demander en cuisine.

Mais mon grand... Tu travailles ici. Tu pourrais demander avant de commencer le service.

Un serveur qui ne connaît pas sa carte, c'est comme un flic qui ne sait pas se servir de son flingue.

Malheureusement, je m'aperçois que le boulot en salle devient un job alimentaire pour payer les factures. Beaucoup d'entre eux sont dans la restauration en attendant autre chose.
La révélation TikTok, une carrière de DJ, un casting Netflix, une start-up imaginaire ou un road trip spirituel.
La restauration n'est pas un métier, c'est une zone de transit.
Résultat, ils se barrent en pause toutes les vingt minutes boire des matés entre deux tables.
Ils s'offusquent pour un oui ou pour un non.
Et ça te balance :
"Moi je n'aime pas être brusqué, et je travaille à mon rythme", dans un métier où tout est stress et urgence.
Alors évidemment, la relation cuisine-salle, aujourd'hui, n'est pas toujours facile.
Eux ne comprennent ni les produits, ni nous.
Et nous, on ne comprend ni eux, ni les clients.

Et puis il y a les autres.

Les idéalistes.
Heureusement, il en reste.
Irréductibles, incorruptibles, et la plupart sont des Européens, et en particulier des Français.

Ils te disent bonjour avec une poignée de main ferme. Des gens droits comme des couteaux à huîtres.

Ils connaissent le métier, leur carte, les cépages.

Ils savent la différence entre les cuissons, les arrière-saisons, les allergies (les vraies).

Ils savent vendre un plat parce qu'ils l'ont goûté et parler d'un produit, parce qu'ils le respectent.

Et surtout, ils maîtrisent la clientèle, avec ses tics et ses caprices.

Ils sentent à vingt mètres qu'une table va claquer la porte, qu'une autre veut un dessert mais n'ose pas le dire.

Et qu'une troisième s'attend à ce que le chef vienne leur dire bonjour.

Ils gèrent leurs rangs comme un metteur en scène. Ils sentent l'ambiance et anticipent les drames, repèrent le couple qui va se séparer. La table qui va gueuler, ou le client qui va renvoyer son vin parce qu'il lui pique le nez.

Ils savent gérer une salle comme on dirige un orchestre et comprennent que servir, ce n'est pas juste apporter un plat.

Mais créer une expérience.

Ils encaissent tout avec le sourire, avec panache, et avec classe.

Ce sont eux aussi qui font tourner les restaurants et qui tiennent la baraque.

Et en cuisine, on les aime.

D'ailleurs, on a toujours une petite assiette prête pour eux à la fin du service, quand ils nous disent qu'ils ont la dalle.

On les respecte parce qu'ils comprennent nos plats, parce qu'ils respectent notre boulot.
Ce sont des partenaires, des complices, des soldats d'un régiment différent, mais de la même armée.
Et nous, derrière les fourneaux, on les regarde comme les derniers orangs-outans ou les derniers disquaires : avec tendresse, et admiration... et un peu de peur pour l'avenir.
Car ces serveurs-là valent de l'or, mais ils disparaissent, aussi.
Car ils ne sont pas valorisés, plus respectés. Et on a du mal à les remplacer.
Ce que les gamins qui arrivent en restauration ne comprennent pas, c'est que les serveurs ne sont pas juste des porteurs d'assiettes. Ils sont le lien entre la salle et la cuisine. Un trait d'union.
Comme une traduction simultanée de la cuisine pour les clients.
Un pont
Et aujourd'hui, ce pont est fissuré. Et même si rien ne s'est effondré, ça tremble.

Mais comme si ça ne suffisait pas, il y a les clients.
Ces funambules égarés entre deux mondes : l'ancien et le nouveau.
Un pied dans la blanquette de veau, l'autre dans le quinoa.
Ils veulent manger sain, mais pleurent dès qu'ils sentent l'odeur d'un os à moelle.
Ils commandent un poisson vapeur et une salade... puis finissent par piquer dans l'entrecôte béarnaise de leur voisin.

Ils jurent qu'ils ne mangent plus de viande... sauf quand il y a un bœuf bourguignon qui traîne en plat du jour.

Adorables parfois, et insupportables souvent. Ils vivent dans un équilibre instable et précaire.

Comme des mômes qui ont grandi avec le plat du dimanche, mais qui se sentent obligés aujourd'hui de commander un poke bowl au tofu et à l'avocat avec une sauce sésame.

Des êtres hybrides, fracturés, entre ce qu'ils croient devoir manger et ce qu'ils aiment vraiment.

Ils sont tiraillés pour la forme, pour ne pas avoir l'air d'un boomer. Coincés entre la photo et la sauce, entre l'apparence et le goût, l'époque et leur mémoire.

Ils bouffent des trucs étranges du lundi au vendredi : nuggets, burritos, tacos, burgers, pizzas. Rien de plus de trois syllabes et tout ce qui se commande en trois clics.

Et puis un soir, sans prévenir, ça leur tombe dessus comme un chagrin d'enfance :

— Je mangerais bien un... un pot-au-feu ?

Et malgré tout...

Quand ils me commandent un parmentier de canard, quand ils raclent la sauce avec un morceau de pain, je les vois fermer les yeux. Comme si quelqu'un allumait une bougie dans leur mémoire. Ils ont les yeux qui brillent et ils redeviennent simples. Ils se rappellent vaguement que manger est peut-être autre chose qu'une story Instagram.

On les voit revenir à eux-mêmes, comme s'ils étaient en train de se balader dans les rues de Paris, au son de l'accordéon, et que les effluves des escargots à l'ail leur remontaient par la narine gauche.

On dirait presque qu'un fantôme leur caresse la joue, en lui chuchotant :

— Vas-y, commande le confit de canard. Personne ne te jugera. (Enfin... sauf leur coach sportif.)

Et ces soirs-là, je les aime.

Parce que dans ces secondes-là, deux secondes, pas plus, je vois passer un éclat de ce qu'on était.

Dans un instant suspendu, il y a une réminiscence, une fulgurance du bon vieux temps...

Et je me dis que tout n'est pas foutu.

Pas encore.

Pas tout à fait.

Mais après cette minute de grâce ?

Bam.

Ils replongent.

Ils ressortent leur téléphone et demandent si les bouchées à la reine existent en version "gluten free".

Si le coq au vin existe en version keto ou si la béchamel est sans lactose.

Est-ce qu'on peut faire les frites à l'Airfryer, comme à la maison ?

C'est ça, les clients d'aujourd'hui :

des modernistes fatigués, des nostalgiques honteux.

Des cœurs anciens dans des corps qui comptent
les calories.
Des âmes coincées dans un monde qui veut tout
aseptiser.
Ils font les modernes, mais leurs papilles
appartiennent encore au siècle dernier.
Alors nous, en cuisine, on se marre.
On soupire.
Et on continue à servir.

Pour tenter d'expliquer mon désarroi, je prends
toujours une image saisissante, le même exemple.

Imagine Delon et Belmondo qui arrivent au
restaurant et demandent si les tomates farcies
sont à la viande végétale.
Ou si les profiteroles sont sans gluten et sans
lactose.
Comme ce n'est pas le cas, ils se lèvent,
contrariés, rangent leur vapoteuse dans la poche
et quittent le restaurant.
Une fois dehors, ils remontent sur leurs
trottinettes électriques et vont au bar à jus du coin
commander un smoothie.
Vous voyez la scène ?
Pas grand-chose à ajouter, non ?
Bon, on avance.

.

Le début de la faim

Quand j'étais gamin, on m'a appris à tout manger.
Ma grand-mère me disait : « Comment tu peux
dire que t'aimes pas, puisque t'as pas goûté ? »
Alors j'ai goûté à tout. J'adorais le foie de veau, les
rognons, les escargots, les ris de veau, les pieds de
porc. Les blettes, les salsifis, les rutabagas, le
cresson.
Et aujourd'hui encore, si un de ces plats est au
menu, je le commande sans regarder le reste de la
carte.
La cervelle, la tête de veau, les tripes, ce n'était
pas mon truc, mais je savais pourquoi : j'avais
goûté.
Même chose pour les fromages qui puaient la
mort et coulaient de honte. Plus ça sentait, plus
j'étais heureux.
Et comme tous les gosses, j'avais aussi mes
faiblesses : le Kiri, les biscuits, les yaourts.
Molière disait qu'il fallait manger pour vivre.
Moi, je vis pour manger.
La bouffe, c'est ma mémoire, mon fil conducteur,
mon moteur. Sans elle, je m'éteins.
Et malgré les années, mes goûts n'ont pas tant
changé : j'aime toujours les coquillettes au
jambon, les saucisses purée, la Vache qui rit, une
baguette avec du beurre et du chocolat en poudre,
les petits-suisses.
Je suis un indécrottable gourmand.

Et voilà le problème, car tout commence là.

Toujours.

Dans l'enfance.

Parce que nos grands-parents ou nos parents ne nous ont pas transmis seulement des goûts, mais également le respect de certaines traditions culinaires à travers l'amour de la cuisine d'un pays, d'une identité, et indirectement d'un rapport au monde.

Aujourd'hui, j'ai la désagréable impression que c'est devenu l'inverse.

Maintenant, très tôt, les parents apprennent à leurs très chères têtes blondes, brunes ou rousses que manger doit être pratique, rapide, prévisible. Donc tiens, prends ta lunch box, et ne t'inquiète pas, c'est une éducation douce, inclusive, compréhensible.

Tout y est compartimenté, fermé, sécurisé et rien ne coule, ne déborde, et rien ne surprend.

On ne cherche plus à faire découvrir aux gosses ce qu'ils aiment, mais on leur donne ce qu'ils veulent. La plupart du temps en ne faisant que ce qu'ils n'aiment pas et en refusant d'insister sur ce qu'ils n'ont jamais goûté.

Alors tout ce petit monde mange à la cantine, dans le bus, dans la voiture, entre deux activités, de la bouffe qui tient dans la main, qui se conserve, qui se mange sans contrarier qui que ce soit.

Le problème, c'est que quand ces mômes grandissent, ils deviennent des adultes cohérents. Et ils mangent comme on leur a appris.

Sans table, sans pause, sans attente, et sans mémoire.

Ce n'est pas de leur faute, ils cherchent une continuité.

Et je le vois avec mes gosses.

Vous pensez que les enfants d'un chef sont différents.

Bah voyons.

Malgré mes efforts pour leur apprendre à cuisiner, ça ne les intéresse pas.

C'est trop long, trop compliqué.

Alors, quand ils ont la dalle, ils se plantent là, inertes devant la porte du frigo ouverte pendant une plombe.

Et moi ça m'énerve.

J'ai beau leur demander ce qu'ils ont envie de manger, ils ne savent pas car il n'y a pas de faim franche, pas de plaisir attendu.

Et je regarde la lumière blanche qui éclaire des emballages propres, silencieux, efficaces.

Tout est prêt, tout est neutre, tout est déjà prémâché, prédécoupé, prétranché et précuit par le système.

Et j'ai l'impression d'être devant le menu d'un de ces restaurants qui proposent de la bouffe à emporter.

Une fois qu'ils ont chopé l'objet de dépit, ils n'attrapent pas des ingrédients pour faire un plat, pour le cuisiner. Mais ils attrapent quelque chose pour remplir, pour faire taire la faim, comme un réflexe.

Puis ils le mangent sans s'asseoir, sans assiette, sans couverts, d'une seule main.

Comme ça le monde continue de tourner, ils peuvent zapper et laisser la télé parler toute seule. Ou attraper le téléphone qui vibre, car les réseaux sociaux alertent.
Ensuite ils referment le frigo. Ils ont quelque chose dans le ventre mais ils ne sont ni pleins, ni satisfaits, mais calmés et sans joie.
Et voilà, comme ça, d'un coup de barquette en plastique magique, le repas disparaît exactement comme il est arrivé.
Il n'inspire rien, il ne suggère rien, il n'apporte qu'une réponse à un problème logistique, et pas une émotion.
À ce moment précis, je réalise ce qu'on a oublié, perdu : le désir et la joie de s'arrêter pour manger.

Je le vois au restaurant.
Le repas n'est plus un moment, c'est un intervalle socialisé.
La table, qui était autrefois un arrêt sur image, une pause assumée, est devenue un bug du système.
S'asseoir longtemps paraît suspect, prendre son temps ressemble à une anomalie.
Et si on regarde son assiette plus de quelques secondes après l'avoir photographiée, ça donne déjà l'impression de trop réfléchir, de se faire chier.
La nourriture doit être rapide, simple, prévisible.
Et surtout rassurante.
Donc on commande et mange ce qu'on connait.
De nos jours l'inconnu, la nouveauté font peur, et

de plus en plus, les clients tiquent sur des choses qui ne leur sont pas familières.

Car le doute est considéré comme une perte de temps, et s'ils n'aiment pas, ça provoque en eux un inconfort qui est perçu comme un échec personnel. Le regret de ne pas avoir choisi autre chose.

Un plat était parfois un moyen de se surprendre, pas de confirmer nos certitudes, en niant ce qu'on devrait apprendre.

Maintenant on en est presque à confirmer une prière industrielle récitée machinalement :

Oui, la curiosité est un vilain défaut.

Donc le goût n'est plus une aventure, c'est une police d'assurance.

Alors on finit par manger comme on raisonne, avec logique, avec des ratios et la trouille au bide.

Fatalement ce qui suit est une avalanche de régimes pour se sentir bien dans son corps et d'aliments pour être en bonne santé.

Calories in, calories out. Protéines, lipides, glucides, équilibre contrôlé.

Zéro plaisir assumé, mais beaucoup de surveillance.

On a fait de la nourriture un carburant social, un but de bien-être,

Mais non pas pour vivre plus longtemps, mais pour avoir la force de ne pas s'arrêter.

Et plus on va vite, plus on mange mal.

Plus on mange mal, plus on culpabilise.

Plus on culpabilise, plus on cherche à se racheter.

Et comme le plaisir ne fait plus vendre, mais la contrition, la faute, et le pardon, oui.

Alors on adapte le vocabulaire et, pour soulager les consciences, quand la pression devient trop forte, quand la discipline fatigue, le système autorise l'excès.

Mais c'est une chute contrôlée, encadrée, programmée et organisée.

Brutale et sans nuance.

Après tant d'efforts et de privations, tu as droit à ta récompense, à tes plaisirs coupables.

Je traduis.

Salade à midi, un burger le soir.

On se régale le week-end et on fait une crise existentielle le lundi.

On se gave à Noël, au Nouvel An, alors on fait une détox en janvier.

Moi, vous me scotchez, franchement, je n'ai pas votre équilibre.

Je vous tire mon chapeau, vous, les acrobates du funambulisme permanent,

Mais le plus ironique, c'est qu'on appelle ça la liberté de choix.

Oui, effectivement vous avez le choix entre deux regrets soigneusement emballés.

Celui de la morale et celui de la bien-pensance.

Ce n'est pas un échec individuel, au contraire c'est une réussite collective.

C'est un système parfaitement huilé.

On vit dans un monde qui sacralise la performance et se méfie du plaisir. Donc on te vend de la bouffe fonctionnelle, marketée, rapide, et en apparence bienveillante.

De ce que je vois, le résultat est navrant : des âmes aux passions tristes, des estomacs jamais satisfaits.

L'erreur serait de croire que tout ça est une histoire de goût, ou d'ignorance.

C'est plus profond que ça.

Ce monde moderne est devenu puritain.

Tout ce qui fait du bien y est suspect, l'extase doit être justifiée, encadrée. Et réprimandé

On ne mange plus quelque chose parce que c'est bon, mais parce que c'est acceptable, autorisé, et compatible avec l'image qu'on veut renvoyer de soi.

Le "healthy" n'est pas une cuisine, c'est une manière de se confesser, de rentrer dans le moule.

Vous savez ce que j'en pense de ce putain de moule.

Ne me racontez pas de conneries, qui choisit une salade parce qu'elle fait envie ?

Je me suis jamais levé un matin et je me suis dit.

"Tiens, aujourd'hui, je mangerais bien une salade."

Vous ?

Non, vous la mangez pour vous racheter, pour montrer que vous avez compris, que si vous faites attention,

alors vous êtes du bon côté.

Le bon côté de quoi ?

De quelle barrière ?

De quel camp ?

On ne mange plus seulement pour son corps, on mange pour son CV psychosomatique.
Et cette vertu doit se voir, se poster, se partager.
Alors avec toutes ces règles. Et dans cette logique, la malbouffe n'est finalement pas une aberration.
Au contraire, c'est une brillante idée.
C'est devenu une soupape, une chambre de décompression.
Cela permet de craquer sans réfléchir, de manger sans choisir, d'avaler sans décider.
Et c'est bien normal, c'est l'ordre des choses.
"L'hypocrisie est un hommage que le vice rend à la vertu."
C'est pas de moi, c'est de La Rochefoucauld.

C'est le repos du libre arbitre. Tout y est prévu, calibré, standardisé.
Il ne reste qu'à sortir ta carte bleue et te laisser bercer par le chant des sirènes du marketing.
Un lien presque "orwellien".
Même logique, même rythme, même folie douce.
On ne te demande pas d'aimer, on te demande de tenir.
Tenir la journée, tenir la cadence, tenir le poste. tenir ta langue. Main-tenir les apparences et obéir.
Dans ce monde nouveau, la nourriture n'est plus là pour rassembler. Elle est là pour calmer et pour faire passer un message.
Calmer la peur d'être en retard, la peur de décrocher, la peur de devenir inutile. On ne mange plus pour célébrer d'être ensemble, mais

pour ne pas sentir le vide qui menace dès que tout s'arrête. Car le silence est devenu insupportable.
Il faut toujours mâcher ou faire quelque chose : un snack, une idée, un objectif, une deadline, un post, un reel.
Peu importe, tant que ça occupe. Ça t'empêche de réfléchir.
On ne mange plus contre la faim, mais contre l'épuisement, la saturation, l'ennui.
Pour moi ce monde ne manque pas de nourriture, mais il manque de pauses.
Il ne manque pas de vie mais il manque de rébellion.
Il ne manque pas de recettes, il manque de bon sens.
Et il ne manque pas de temps mais de volonté de le prendre.

En France, on mangeait parfois trop. Les repas pouvaient être excessifs, bruyants, longs, imparfaits et arrosés. Mais ils étaient incarnés.
Maintenant on mange juste, optimisé, labellisé et clannisé.
Entre un excès orgasmique et une optimisation javellisée systémique, moi j'ai choisi mon camp.
Je préfère une assiette qui déborde à une assiette qui s'excuse.
Je préfère un repas qui dure à un ennui qui s'éternise.

Une autre histoire

Par un heureux hasard, je commence à écrire ce chapitre le 30 décembre, et, comme dans tous les restaurants qui se respectent, c'est l'heure de l'inventaire.
Alors, allons-y.
Dans ce monde, je fais partie d'une espèce en voie de disparition, je le sais.
Mais je ne suis pas seul : on est une poignée, encore debout. Quelques-uns, dispersés, cabossés, mais tenaces.
Surtout, que nous sommes dans une position fragile, chef français dans une cuisine américaine.
Il faut ajouter le handicap de l'âge ; à cinquante-trois ans, c'est encore plus précaire.
Et ces derniers temps, ça commence à me courir sur le haricot.

Parce que je viens d'un temps où on apprenait en se brûlant les doigts, pas en regardant un tuto sur YouTube.
Je suis de ceux qui ont appris à couper un oignon avant d'apprendre à parler anglais.
qui ont découvert la vie dans un frigo qui sentait la marée basse, pas sur un écran.
Ceux qui ont fait leurs armes dans des cuisines sans clim, sans psy, sans QR codes et sans RH, où il n'y avait qu'une seule règle :
Sors-toi les doigts du cul et travaille juste.
Un monde où on goûtait tout et où on n'avait pas peur de la crème.

On savait choisir un melon en lui sentant le cul.
On savait que le gras, c'est ça qui donne du goût.
Mais surtout, parce qu'on n'a jamais su et pu
fermer notre gueule. On n'aime pas cuisiner des
plats chiants, ennuyeux, et on n'est pas
malléables. D'ailleurs, on s'est battus justement
pour ne pas rentrer dans le moule.
On n'a pas eu besoin d'essayer, on n'en avait pas
envie.
On s'est adaptés juste ce qu'il fallait pour survivre,
parce qu'on ne voulait pas perdre nos âmes.
Et peut-être ce qu'on était.

Aujourd'hui, je regarde autour de moi et je me dis
que je suis un dinosaure en veste de cuisine.
Je me sens comme un mammouth en tablier.
Car je suis à la marge, mis de côté.
Je suis devenu toxique.
Trop français pour certains, trop senior pour
d'autres. Trop cher, trop franc, trop bruyant, trop
autoritaire, et la perle, trop qualifié.
Je vous épargne la liste des "sans" ou des "pas".
Bref, j'ai à peu près tout entendu depuis deux ou
trois ans dans les entretiens d'embauche. Je
m'attends à ce qu'un de ces jours, on me balance,
trop vivant.
Je suis quand même béni des dieux, car j'ai plus
ou moins la même équipe de frappadingues
partout où je vais bosser depuis 8 ans. Et j'y tiens,
je les ai choisis avec soin.
Mais ça devient compliqué de gérer le client roi, le
serveur susceptible et les nouveaux cuisiniers qui
ont la main qui tremble.

Et je suis fatigué de ce pays où je ne trouve plus mes repères.

Je ne suis pas aigri et je ne l'ai jamais été, mais lucide, oui.
Avec mon âge et avec le temps, ici, j'ai déjà vu mourir plus de techniques que de collègues :
la béarnaise montée à la main (la vraie, pas celle au robot), les fonds bruns réduits huit heures, et les sauces qui nappent la cuillère.
La cuisson au jugé, celle qu'on t'apprend avec l'oreille, les yeux, le toucher, mais pas avec une sonde.
La moitié des clients que je sers connaît mieux ses apports caloriques que les légumes de saison.
Bon, à Miami, il n'y a pas de saisons, mais ce n'est pas le sujet.
L'autre moitié a peur du beurre et vacille à l'évocation du mot « gluten ».
Le monde change.
Moi, pas tant que ça.

Et j'ai compris.
Je ne suis plus fait pour suivre la modernité, mais pour me battre au nom d'un idéal.
Comme un vieux con debout au milieu du passage, qui refuse de lâcher son fouet, tant qu'il reste un gamin à qui apprendre à monter un beurre blanc au cul de la casserole.
Pour transmettre la tradition de l'effort et du réconfort, et aussi pour témoigner.
Pour raconter ce qui était et ce qui n'est plus.
Parfois en murmurant pour les plus attentifs, les

passionnés, parfois en le gueulant pour les plus réfractaires.

J'ai pris de la bouteille, je sais, et je râle plus souvent que je rugis.

Ce qui est sûrement un signe de sénilité.

Mais j'ai remarqué que les vieux fauves, quand le courage est encore là mais que le corps ne suit plus, se couchent parfois à l'ombre d'un arbre pour profiter d'un repos bien mérité, après une vie de bataille acharnée.

Ils ménagent leurs forces, étudient le terrain avant d'asséner des coups justes et précis.

Eh bien voilà, je vais m'asseoir un peu et jouir de ce moment de calme. Et laisser mijoter, avant de repartir à la charge.

Et réfléchir à ce que je laisse derrière :

Des services très bruyants et beaucoup de rires déplacés.

Des souvenirs, des engueulades, et des frères et sœurs d'armes.

Des plats, des brûlures et des coupures.

Des gestes qui ne s'apprennent pas sur un téléphone.

Et, peut-être, un ou deux apprentis qui auront compris qu'avant le dressage, il faut goûter.

C'est le secret d'un bon plat.

Mais ceci est aussi un avertissement, car mon temps n'est pas fini, et même s'il est compté, j'en profiterai et savourerai chaque seconde.

Et si je suis une courroie de transmission usée, de seconde main, je fais encore le boulot, et plus vite que les petits nouveaux.

Un jour, la cuisine ira sans moi : c'est la règle, et c'est normal.

Elle continuera, c'est sûr.

Elle changera, sûrement.

Elle se purifiera. Plus que ça ? Merde, je ne vois pas comment.

Peut-être qu'elle reviendra à l'essentiel — je l'espère.

Alors qu'est-ce qu'on a gagné à résister à cette démence ?

Pas le confort, ni la paix.

Sûrement pas la longévité, ni l'équilibre mental.

Mais la fierté de dire qu'on était en cuisine, debout, et avec nos gars, et on a jamais rien lâché.

Le plaisir de cuisiner et de partager.

D'aider, et d'apprendre à des gamins à respecter le métier. Et leur faire comprendre que le talent ne suffit pas.

Ça ne suffit jamais.

Un plat, ça se travaille, ça se mérite.

Et pour transmettre deux ou trois vérités, que même les coachs en nutrition n'arriveront pas à tuer.

Donc je resterai dans une cuisine tant que je le pourrai, tant que je l'aimerai, tant que j'en aurai la force et le plaisir.

Et je continuerai aussi à écrire, à balancer des vérités qui ne font pas toujours plaisir à entendre, à être le poil à gratter. De faire chier, de cuisiner. Car j'ai encore assez dans le ventre pour être utile. Mais pas dans ce monde-là.

Le moment est venu de migrer et de retourner là d'où je viens. Dans un univers discret mais qui existe encore. Et qui résiste dans certaines ruelles, dans certains villages, dans des restaurants d'avant.

Où ça, j'en sais rien, je vous le dirai quand je le saurai. Quand j'aurai trouvé.

En attendant, je pars sans regrets.

Sans amertume.

Je ne suis pas triste, mais heureux.

Reconnaissant et plein de gratitude.

Parce que j'ai vécu de ma passion.

Parce que j'ai donné tout ce que je pouvais et tout ce que j'avais.

J'y ai trouvé une paix intérieure, comme quand on regarde une assiette terminée avant de dire :

« Service. »

Maintenant, je me prépare à me mettre en retrait. Pas de la vie, pas de la carte, mais de cette folie culinaire qui file trop vite pour avoir le moindre sens.

La plaisanterie a assez duré, et elle ne me fait plus rire.

Je n'ai plus la patience pour ces conneries.

Alors je vais laisser les gens courir vers je ne sais quoi et je vais continuer à avancer, mais à mon rythme. D'un pas plus lent, mais plus gourmand.

Vous savez quoi, faites vos trucs avec du tofu et du quinoa sans sel, grand bien vous fasse.
Il en faut pour tous les goûts.
Chacun sa route.
La mienne, c'est celle du beurre et de la crème. Un chemin bien français, et osons le dire...
franchouillard.
Je l'assume.
Et quand j'arriverai à destination, je pousserai la porte d'un bouge, je m'installerai derrière les fourneaux, et j'enverrai des plats qui feront honneur au bon vieux temps.

Voilà, j'ai fini.
Maintenant, si vous voulez bien m'excuser, les réservations sont à bloc,
J'attends les commandes d'une meute de trolls affamés qui va se faire un plaisir de dézinguer mon menu à volonté, à coups de modifications, de sauce à part et autres caprices du genre.
Et si j'ai de la chance, j'en ai bien un qui va me demander un burger coupé en deux, moitié saignant, moitié bien cuit.
Et si c'est vraiment ma soirée, un autre me demandera de lui couper son steak en tranches.
C'est drôle parce qu'un serveur m'a juré qu'ils mettaient des couteaux sur la table. Je suis rassuré car les baguettes, c'est pas pratique pour la viande.

Allez, mon équipe est prête et j'entends l'imprimante qui commence à s'affoler.
Et si l'un d'entre vous est dans la salle,

Je vous souhaite un bon appétit, mes amis.

Épilogue

Ce livre est pour eux.

Les gens simples.

Ceux qui bossent, qui râlent, qui se lèvent tôt, qui ne trichent pas.

Ceux qui ne « font pas attention à ce qu'ils mangent », parce qu'ils savent encore ce qu'ils mangent.

Les amoureux transis qui ont encore du goût, du cœur, des restes de terre sur les mains. Et qui savent encore ce que ça veut dire « attendre que ça mijote ».

Pour les mamies à la supérette qui choisissent leurs yaourts avec soin. Pas trop sucrés. Pas trop tristes.

Et les couples qui se chamaillent dans les rayons du supermarché, puis finissent main dans la main devant le rayon charcuterie, comme devant un autel. Parce qu'un bon saucisson, ça répare tout.

Pour les mères qui font un bourguignon pour rassembler, un gratin pour apaiser. Un pot-au-feu pour ne pas oublier d'où on vient.

Pour les nostalgiques qui continuent d'aller voir leur boucher, leur fromager, leur maraîcher, pas par snobisme, mais par fidélité. Parce qu'ils aiment parler du temps qu'il fait et du goût des tomates. Comme une forme de prière.

Pour les gamins qui piquent des radis dans le panier, pendant que les parents discutent entre eux, au marché.

Et les ados qui croquent un croissant encore tiède devant la boulangerie avant d'aller en cours.
Pour les agriculteurs, les paysans, les éleveurs, ceux qui aiment leurs bêtes, qui connaissent le nom de leurs vaches et qui parlent à leurs abeilles.
Et qui regardent pousser leurs salades comme d'autres regardent grandir leurs gosses, en vivant au rythme des saisons, pas des stories.

Ce livre est pour ceux qui ont encore faim. Pas faim d'argent, d'abdos, de gloire ou de likes.
Mais de pain chaud, de sauce qui nappe, de plaisir qui colle aux doigts.
Pour ceux qui savent que le bonheur, parfois, c'est juste un œuf mayo réussi, une baguette, et un verre de rouge à la bonne température.

Je n'aime pas les livres de recettes, j'aime les livres de sensations.
Des souvenirs.
de vie.
Le café du matin, et la baguette.
Le plat du jour sur un comptoir
Une assiette de charcuterie et une bouteille de Fleurie.
Bref, des scènes de bouffe et des repas qui sentent la viande rôtie et l'amitié.
Ainsi que des discussions inutiles mais essentielles qui célèbrent la connerie, la pluie sur les pavés.
Et le temps qui passe.

J'ai voulu donner une claque à la fadeur, un doigt d'honneur au tiède, à la bouffe chiante, aux plats tristes, sans âme, qui ne sentent rien.
À la mode du vide et à la médiocrité.
Mais c'est aussi un baiser au goût de beurre salé.
Une ode au gras, au pain, au vin, À tout ce qui réconforte, régale et fait du bien.
Et à la tendresse.

Un hommage à tous ceux qui préfèrent le simple au parfait.
Aux marchands du dimanche matin qui se lèvent aux aurores.
Aux brasseries qui ouvrent tôt et aux bistrots qui servent tard.
Aux sourires des cafetiers derrière leur comptoir.

Ici, pas de régime ni de promesse de longévité.
Pas de quinoa sacré ni de spiruline magique.
Pas d'Airfryer et pas de lyophilisé.
Ici, on lèche la cuillère comme des gosses.
On taille, on flambe, on réduit, et on goûte avec les doigts.

Un hommage à ceux qui cuisinent encore, qui boivent, qui râlent, et qui se marrent de voir tout ce foutoir.
À la France d'en bas, celle qui se démerde, et qui a toujours eu plus de cœur que de moyens.
À l'Amérique du Milieu qui fait ce qu'elle peut et qui se bat dans une société rageuse et impitoyable

Et surtout, un remerciement aux gens qui
travaillent dans les restaurants.
Ceux qui arpentent les salles et qui vous servent.
Ceux en cuisine, qui font des plats du jour pour
réparer le monde.
À vous tous, qui vous bousillez la santé, le dos, les
nerfs, la voix, pour offrir une parenthèse de
légèreté. Un rayon de soleil dans des vies parfois
trop lourdes et sombres.
Un peu de douceur dans un monde de brutes.
À ceux qui y croient encore, qui y croiront
toujours.
Et qui ne lâcheront jamais rien.

Enfin ceci.
La bouffe, C'est notre histoire à tous, notre
culture, notre patrimoine, notre bien commun.
Je voulais écrire un livre sur la perte d'un lien, du
manger-ensemble.
Car quand on ne se met plus à table, on ne se
parle plus.
Et parce que la République ne se joue pas
seulement à l'Assemblée nationale mais au
comptoir, à table, et en cuisine.
Voilà, j'ai fait mon devoir de citoyen.

Et si la haute gastronomie est l'aristocratie,
La brasserie est la bourgeoisie.
Le bistrot est le peuple.
Et le café est la place publique.
Alors ma patrie,
C'est la république de la bouffe.

Post-scriptum

J'ai écrit deux livres parce qu'un seul ne suffisait pas.
L'un vient de la colère et de la rébellion, il s'est fait sur des flammes rugissantes.
L'autre du recul et de l'acceptation des différences. Et il s'est construit sur les braises.
Vous pouvez les lire dans l'ordre, dans le désordre, ou n'en lire qu'un.
Il n'y a pas de règle.
Je ne vous dirai pas par lequel commencer, ni comment les comprendre.
Et encore moins comment me comprendre.

J'écris pour raconter, pas pour convaincre. Pas pour exister.
Mais dans l'espoir que ça serve à quelqu'un.
Un apprenti.
Un futur chef.
Un serveur.
Un ancien qui se reconnaît.
Un nouveau qui ne sait pas où il va.
Un paumé comme je l'étais.
Ou un survivant comme je le suis.
Ils sont écrits.
Publiés.
Ils sont là, devant vous.
Faites-en ce que vous voulez.
Le reste vous appartient et ne me concerne plus.

Maintenant, je retourne dans ma cuisine.

Avec mes plats, mes fours, mes poêles.
Et les gens pour qui je cuisine, sans rien attendre
en retour. Si ce n'est leur offrir un petit moment
de bonheur, dans cet océan de contradictions et
de dureté qu'est notre quotidien à tous.

La vie continue car le service ne s'arrête jamais.
Je finirai donc sur les mêmes mots que dans mon
premier livre :
Voilà, la cuisine est fermée.
Je nettoie mon plan de travail et je range mes
couteaux.
Et si vous revenez demain, il y aura encore du
monde au Passe,
Et je serai là, en cuisine.
Alors vous savez où me trouver.